# 2024

# 중앙행정기관 행정사무 민간이전 운영현황

배성기 지음

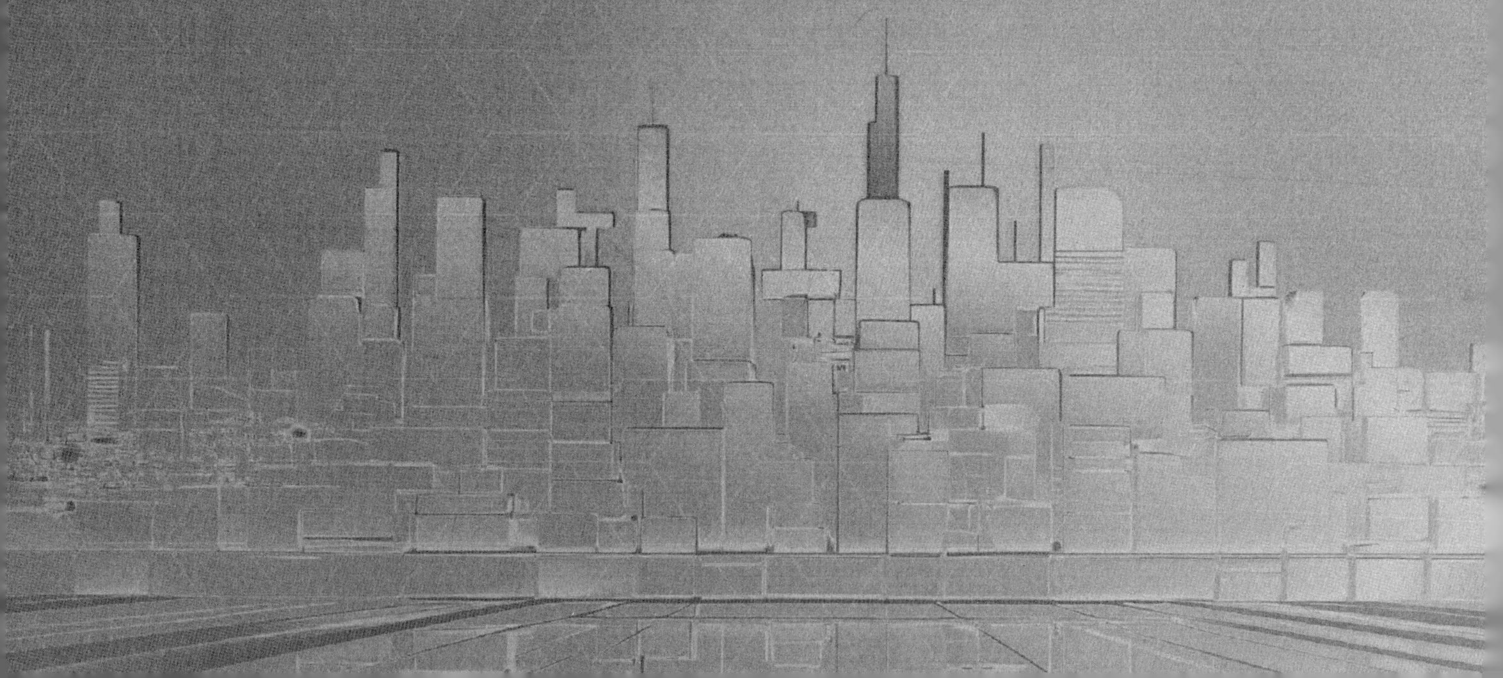

2024. 2.

# 중앙행정기관 행정사무 민간이전 운영현황

　한국민간위탁연구소는 정부에서 운영하는 민간위탁 공공서비스의 효율성 향상을 위해 설립된 연구기관입니다. 민간위탁은 성과지향형 공공서비스제공 공급방식의 하나로써 더 나은 정부, 더 효율적인 정부로 가기 위한 제도입니다.

　세상의 모든 사물은 세상의 변화를 수용해야 합니다. 민간위탁 사무 또한 운영 목적이나 사회적 가치변화를 수용해야하기 때문에 지속적으로 변화해 왔습니다. 현행 민간위탁 사무의 유형은 공익적 성격과 사익적성격의 사무가 혼재되어 스펙트럼이 다양합니다. 시대적 흐름과 환경 변화에 맞는 민간위탁사무는 갈수록 커뮤니티거버넌스형(CG) 공공서비스 제공방식으로 변화 되어 가고 있습니다.

　이를 효율적으로 관리하기 위해서는 민간위탁의 본질을 이해해야 하는데, 대표적인 영문표기가 contracting out인 것처럼 구매계약 또는 외주계약으로 계약에 관한 전반적인 프로세스를 이해하고 계약관리능력이 필요한 제도라는 것을 이해해야 합니다. 민간위탁 과정은 먼저 민간위탁을 위한 추진계획을 수립한 후 지방의회의 심의를 거쳐 민간위탁 선정심의위원회의 선정과정을 통해 최종 민간위탁 사업자를 선정하게 됩니다. 이 과정에 민간위탁 업체선정을 위한 계약법검토, 조례제정 또는 개정, 적정 위탁비용 산정, 위탁 후 성과평가 결과 적용을 위한 지표개발 등 세부적이고 전문적인 연구결과를 통한 의사결정 자료가 필요하게 됩니다. 이러한 연구결과는 민간기업이 공공서비스를 제공할 때 지속적인 품질 개선을 유도함으로써 서비스경쟁력을 향상시키고, 지자체는 효율적인 예산운영을 통하여 과대 또는 과소예산으로 인한 사회적 비용을 감소시키며 재정운영의 건전성을 증대시키는 효과가 있습니다. 이와 같이 민간위탁만을 연구해온 저희 연구소는 다양한 연구를 통해 얻은 노하우를 바탕으로 좀 더 선진화된 민간위탁 의사결정 자료와 효율적인 운영방안을 제안하는 역할을 수행할 것입니다.

연구소장　배성기

### 주요연구분야

- 공공서비스재설계 (Public Service Re-design)
- 혁신전략 (Innovation Master Plan)
- 경영평가 (Management Evaluation)
- 조직진단 (Organization Structure Design)
- 사업타당성 분석 (Project Feasibility Study)
- 정부원가계산 (Government Cost Accounting)
- 공공요금 및 수수료 산정 (Calculation of Utility rates)
- 성과평가 (public Service Performance Assessment)
- 민간위탁/공공위탁/관리대행/보조금 (Contracting Out Management)
- ESGDI 경영 (Environment Social Governance Digital Transformation)
- 지방의회 민관협업/행정사무감사 (Audit of Local Government)

### 연락처

- 전화 : 02 943 1941
- 팩스 : 02 943 1948
- 이메일 : kcomi@kcomi.re.kr
- 홈페이지: www.kcomi.re.kr

# 2024 전국 「중앙행정기관 행정사무 민간이전 운영현황」은 이렇게 발간되었습니다.

## 1. 조사개요

민간이전지출은 학계와 실무계를 불문하고 사회 각계각층이 이 주제의 중요성을 인식하고 처방적 대안 마련에 관심을 쏟고 있음에도 불구하고 민간위탁 케이스별 연구만이 주로 되어 왔습니다. 또한 사회적 현상을 기반으로 공공서비스의 유형을 공공서비스, 준공공서비스, 선택적 공공서비스 등으로의 구분하고 공익성의 정도에 따른 관리기법 및 예산운영 방법 등을 심도 있게 연구한 연구문헌이 부족한 상황입니다.

민간이전 공공서비스는 국민들과의 최접점에서 공급되는 공공서비스로 지속적으로 성장하는 국민들의 공공서비스 수요를 반영하고 개선하기 위해서는 다양한 주제와 분야별로 지속적인 연구가 되어야 합니다. 하지만 이러한 연구를 하기 위한 기초적 통계자료가 없다는 것은 실로 놀라운 일이 아닐 수 없습니다.

따라서 본 조사는 전국 19부, 4처, 19청 총 42개 중앙행정기관을 대상으로 행정사무 민간이전 운영현황을 분석하기 위해 중앙행정기관 및 그 소속기관의 민간이전(320) 예산을 조사한 후 해당사무별 업체선정방법, 개별조례 유무, 원가산정기준, 서비스(성과)평가 유무, 위탁기업 현황 등에 대한 정보공개요청을 통해 현황을 조사하였습니다.

본 조사를 통해 얻을 수 있었던 것은 동종의 행정사무라도 운영예산규모, 업체선정기준, 개별조례 유무, 위탁비용 산정기준, 서비스(성과)평가 유무 등이 같지 않다는 것을 알 수 있었습니다. 이를 검증하기 위해서는 심도 있는 연구가 수행 되어야 하겠으나 이런 비교결과조차도 유의미하다고 생각됩니다.

전국 중앙행정기관 및 그 소속기관의 민간이전 행정사무 운영현황 통계조사의 효용성은 첫째, 유사 행정사무의 운영예산 확인을 통한 예산운영의 적정성을 판단할 수 있는 기준자료, 둘째, 개별조례 유무 확인을 통한 제정 및 개정 용이, 셋째, 적정 비용 산정기준 확인, 넷째, 성과평가 기준 확인, 다섯째, 민간위탁기업명 확인을 통한 경쟁력 있는 기업선정 기초자료 확보 등과 같습니다.

상기와 같은 조사를 통해 궁극적으로 얻고자 한 것은 「건전한 긴장관계 유지」 입니다. 중앙행정기관 및 그 소속기관 민간이전 운영현황을 통해 사무의 종류와 예산의 규모, 협업 수행 기업의 종류와 유형이 공개됨으로써 행정사무를 추진하는 입장에서는 선택의 폭이 넓어질 것이고, 서비스를 받는 국민의 입장에서는 서비스기업 간 경쟁시스템이 올바르게 갖추어져, 좀 더 체계적이며, 경제적이고, 만족할 만한 공공서비스가 제공 되어질 것입니다.

본 현황분석은 한국민간위탁연구소의 네 번째 중앙행정 민간이전 행정사무 운영현황 통계조사를 한 것으로서 미흡한 부분이 다소 존재합니다. 하지만 행정사무의 서비스 발전을 위한 기초 연구자료로써 중요한 역할을 할 수 있을 것을 기대합니다. 도움을 주신 전국 중앙행정기관 담당 공무원분들께 감사드립니다.

**2. 조사기간 :** 2023년 12월 26일 ~ 2024년 1월 31일

**3. 조사결과**

(1) 2024년 조사결과

(자료회신 기관 수: 27개/56개 중앙행정기관 / 단위: 천원)

| 소관부서 | 사업수 | 지출세목 | | | 합계 |
| --- | --- | --- | --- | --- | --- |
| | | 관리용역비 (210-15목) | 민간위탁사업비 (320-02목) | 법정민간대행 사업비 (320-08목) | |
| 감사원 | 7 | 4,476,432 | – | – | 4,476,439 |
| 국가보훈부 | 41 | 5,606,122 | 29,728,926 | 6,679,000 | 35,335,089 |
| 법제처 | 3 | – | 4,644,923 | – | 4,644,926 |
| 식품의약품안전처 | 21 | – | 73,265,000 | 936,128 | 73,265,021 |
| 기획재정부 | 2 | – | 8,089,000 | – | 8,089,002 |
| 과학기술정보통신부 | 72 | 176,082,419 | 672,914,341 | – | 848,996,832 |
| 통일부 | 54 | 22,287,447 | 6,217,369 | 5,056,000 | 28,504,870 |
| 법무부 | 37 | 41,352,059 | 15,779,007 | 14,230,000 | 57,131,103 |
| 문화체육관광부 | 125 | 27,070,172 | – | – | 27,070,297 |
| 고용노동부 | 22 | 8,631,779 | 278,041,000 | 2,124,000 | 286,672,801 |
| 여성가족부 | 25 | 5,191,000 | 34,974,990 | – | 40,166,015 |
| 국토교통부 | 169 | 39,227,939 | 326,377,193 | 19,662,000 | 365,605,301 |
| 중소벤처기업부 | 7 | 7,640,000 | 17,560,851 | 4,453,264 | 25,200,858 |
| 국세청 | 46 | 71,370,093 | – | – | 71,376,939 |
| 관세청 | 2 | – | 853,188 | 453,000 | 853,190 |
| 방위사업청 | 5 | 6,106,979 | – | – | 6,106,984 |
| 경찰청 | 1 | 70,000 | – | – | 70,001 |
| 소방청 | 22 | 8,906,000 | 1,490,000 | – | 10,396,022 |
| 문화재청 | 194 | 7,799,091 | 136,341,000 | 4,330,000 | 144,140,285 |
| 특허청 | 15 | 27,895,000 | 39,753,000 | – | 67,648,015 |
| 기상청 | 10 | – | – | 54,861 | 10 |
| 행정중심복합도시건설청 | 3 | 610,950 | – | – | 610,953 |
| 해양경찰청 | 1 | – | 1,733,000 | – | 1,733,001 |
| 금융위원회 | 8 | 5,807,239 | – | – | 5,807,247 |
| 개인정보보호위원회 | 2 | 838,000 | – | – | 838,002 |
| 원자력안전위원회 | 1 | – | 1,157,000 | – | 1,157,001 |
| 방송통신위원회 | 2 | – | 606,000 | – | 606,002 |
| 합계 | 897 | 466,975,521 | 1,649,525,788 | 57,978,253 | 2,116,502,206 |

(자료미회신 기관 수: 29개 중앙행정기관)

| 소관부서 | 지출세목 | | | 합계 |
|---|---|---|---|---|
| | 관리용역비 (210-15목) | 민간위탁사업비 (320-02목) | 법정민간대행사업비 (320-08목) | |
| 국가정보원 | - | - | - | - |
| 대통령비서실 | - | - | - | - |
| 국가안보실 | - | - | - | - |
| 국무조정실 | - | - | - | - |
| 국무총리비서실 | - | - | - | - |
| 대통령경호처 | - | - | - | - |
| 인사혁신처 | - | - | - | - |
| 고위공직자범죄수사처 | - | - | - | - |
| 교육부 | - | - | - | - |
| 외교부 | - | - | - | - |
| 국방부 | - | - | - | - |
| 행정안전부 | - | - | - | - |
| 농림축산식품부 | - | - | - | - |
| 산업통상자원부 | - | - | - | - |
| 보건복지부 | - | - | - | - |
| 환경부 | - | - | - | - |
| 해양수산부 | - | - | - | - |
| 조달청 | - | - | - | - |
| 통계청 | - | - | - | - |
| 재외동포청 | - | - | - | - |
| 검찰청 | - | - | - | - |
| 병무청 | - | - | - | - |
| 농촌진흥청 | - | - | - | - |
| 산림청 | - | - | - | - |
| 질병관리청 | - | - | - | - |
| 새만금개발청 | - | - | - | - |
| 공정거래위원회 | - | - | - | - |
| 국민권익위원회 | - | - | - | - |
| 국가인권위원회 | - | - | - | - |
| 합계 | - | - | - | - |

주. 위의 중앙행정기관은 2024년 정보공개청구에 관해 자료 미회신기관임.

(2) 2023년 조사결과

(자료회신 기관 수: 28개/52개 중앙행정기관 / 단위: 천원)

| 소관부서 | 지출세목 | | | 합계 |
|---|---|---|---|---|
| | 관리용역비<br>(210-15목) | 민간위탁사업비<br>(320-02목) | 법정민간대행<br>사업비<br>(320-08목) | |
| 국가보훈처 | 6,185,733 | 6,089,000 | 4,739,000 | |
| 법제처 | 3,625,929 | 3,748,688 | - | |
| 식품의약품안전처 | - | 47,997,428 | - | |
| 과학기술정보통신부 | - | 9,256,854 | - | |
| 기획재정부 | 159,216 | - | - | |
| 외교부 | 6,131,354 | 1,502,800 | - | |
| 통일부 | 8,519,944 | 15,486,900 | 5,066,000 | |
| 법무부 | 24,031,809 | 26,410,774 | 13,816,647 | |
| 문화체육관광부 | 9,873,419 | 10,790,000 | - | |
| 농림축산식품부 | 19,880,305 | 27,878,648 | 300,152,000 | |
| 산업통상자원부 | 5,881,000 | 8,831,848 | - | |
| 환경부 | 212,946,506 | 282,555,300 | 582,017,600 | |
| 고용노동부 | 6,444,321 | 292,642,138 | 4,453,264 | |
| 여성가족부 | 2,579,000 | 695,000 | - | |
| 국토교통부 | 37,167,622 | 298,557,444 | 41,296,000 | |
| 중소벤처기업부 | 4,408,000 | 9,182,000 | - | |
| 관세청 | - | 1,133,928 | - | |
| 경찰청 | 183,000 | - | - | |
| 문화재청 | 4,513,118 | 116,955,548 | 330,000 | |
| 농촌진흥청 | 292,000 | 1,105,000 | - | |
| 산림청 | 23,536,295 | 24,439,483 | 11,403,646 | |
| 특허청 | 5,711,000 | 66,637,000 | - | |
| 질병관리청 | 6,489,012 | 879,373,131 | - | |
| 기상청 | 215,000 | - | 29,678,000 | |
| 해양경찰청 | 7,997,651 | 1,298,000 | - | |
| 금융위원회 | 2,762,249 | - | - | |
| 공정거래위원회 | 1,921,064 | 160,000 | - | |
| 원자력안전위원회 | 629,000 | - | - | |
| 합계 | 402,083,547 | 2,132,726,912 | 992,952,157 | 3,527,762,616 |

(3) 2022년 조사결과

(자료회신 기관 수: 28개/56개 중앙행정기관 / 단위: 천원)

| 소관부서 | 지출세목 | | | 합계 |
|---|---|---|---|---|
| | 관리용역비 (210-15목) | 민간위탁사업비 (320-02목) | 법정민간대행 사업비 (320-08목) | |
| 국가보훈처 | 5,082,145 | 715,000 | – | 5,797,145 |
| 인사혁신처 | 4,193,000 | – | 3,946,000 | 8,139,000 |
| 법제처 | 4,041,129 | 3,394,570 | – | 7,435,699 |
| 식품의약품안전처 | – | 14,903,000 | 1,033,000 | 15,936,000 |
| 기획재정부 | 157,216 | – | – | 157,216 |
| 교육부 | 12,021,902 | 24,693,150 | – | 36,715,052 |
| 과학기술정보통신부 | 16,334,003 | 340,912,336 | – | 357,246,339 |
| 외교부 | 8,225,787 | 550,000 | – | 8,775,787 |
| 통일부 | 15,211,509 | 7,348,000 | – | 22,559,509 |
| 법무부 | 13,702,790 | – | 10,793,644 | 24,496,434 |
| 행정안전부 | 175,331,263 | 66,717,000 | – | 242,048,263 |
| 문화체육관광부 | 11,020,341 | 3,231,000 | – | 14,251,341 |
| 농림축산식품부 | – | – | – | – |
| 중소벤처기업부 | 10,197,410 | 25,052,369 | – | 35,249,779 |
| 환경부 | 16,610,592 | 61,239,400 | 777,137,783 | 854,987,775 |
| 고용노동부 | 6,166,000 | 1,652,658,000 | 4,989,300 | 1,663,813,300 |
| 여성가족부 | – | – | – | – |
| 국세청 | 60,150,373 | – | – | 60,150,373 |
| 관세청 | – | 828,252 | – | 828,252 |
| 경찰청 | – | – | 184,000 | 184,000 |
| 농촌진흥청 | 292,000 | – | – | 292,000 |
| 산림청 | 17,335,081 | 14,099,000 | 14,097,646 | 45,531,727 |
| 특허청 | 27,984,000 | 42,597,000 | – | 70,581,000 |
| 질병관리청 | 7,697,217 | 5,358,000 | – | 13,055,217 |
| 기상청 | – | – | 34,980,244 | 34,980,244 |
| 새만금개발청 | – | – | – | – |
| 공정거래위원회 | – | – | – | – |
| 개인정보보호위원회 | 508,000 | – | – | 508,000 |
| 합계 | 412,261,758 | 2,264,296,077 | 847,161,617 | 3,523,719,452 |

- 민간이전 분류별 통계

| 구분 | 지출세목 | | | 합계 |
|---|---|---|---|---|
| | 관리용역비<br>(210-15목) | 민간위탁사업비<br>(320-02목) | 법정민간대행 사업비<br>(320-08목) | |
| 2022년 | 412,261,758 | 2,264,296,077 | 847,161,617 | 3,523,719,452 |
| 2023년 | 254,374,983 | 1,795,221,833 | 1,431,707,985 | 3,481,304,801 |
| 2024년 | 466,975,521 | 1,649,525,788 | 57,978,253 | 2,174,479,562 |

# 1

# 중앙행정기관

# 목 차

## 중앙행정기관 ······················································································· 1

감사원 ·······························································································································1
개인정보보호위원회 ···········································································································1
경찰청 ·······························································································································1
고용노동부 ························································································································1
과학기술정보통신부 ···········································································································1
관세청 ·······························································································································3
국가보훈부 ························································································································3
국세청 ·······························································································································4
국토교통부 ························································································································5
금융위원회 ······················································································································10
기상청 ·····························································································································10
기획재정부 ······················································································································10
문화재청 ·························································································································10
문화체육관광부 ···············································································································15
방송통신위원회 ···············································································································18
방위사업청 ······················································································································18
법무부 ·····························································································································18
법제처 ·····························································································································19
소방청 ·····························································································································19
식품의약품안전처 ············································································································20
여성가족부 ······················································································································20
원자력안전위원회 ············································································································21
중소벤처기업부 ···············································································································21
통일부 ·····························································································································21
특허청 ·····························································································································23
해양경찰청 ······················································································································23
행정중심복합도시건설청 ·································································································23

## 2024년 중앙행정기관 민간이전 및 민간자본이전 운영현황

| 순번 | 기관명 | 지출명 (사업명) | 2024년 예산 (단위:천원/1년간) | 담당부서 | 민간이전 분류 (2023년 예산총계운용계획집행지침에 의거) 1.관리운영비(210-15목) 2.민간위탁사업비(320-02목) 3.법정민간대행사업비(320-08목) | 민간이전지출 근거 1.법률에 규정 2.국고보조 재원(국가지침) 3.용도 지정 기부금 4.시행규칙 및 운영 규정 5.국가가 권장하는 사업을 하는 공공기관 6.국가 정책 및 재정사정 7.기타 8.해당없음 | 계약체결방법 (경쟁방법) 1.일반경쟁 2.제한경쟁 3.지명경쟁 4.수의계약 5.법정위탁 6.기타() 7.해당없음 | 계약기간 1.1년 2.2년 3.3년 4.4년 5.5년 6.기타()년 7.단기계약(1년미만) 8.해당없음 | 낙찰자선정방법 1.적격심사 2.협상에의한계약 3.최저가낙찰제 4.규격가격분리 5.2단계 경쟁입찰 6.기타() 7.해당없음 | 운영예산 산정 운영방법 산정 (부서 자체적으로 산정) 1.내부산정 2.외부산정 (외부전문기관위탁 산정) 3.내외부 모두 산정 4.산정無 5.해당없음 | 정산방법 1.내부정산 (부서 내부적으로 정산) 2.외부정산 (외부전문기관위탁 정산) 3.내외부 모두 산정 4.정산無 5.해당없음 | 성과평가 실시여부 1.실시 2.미실시 3.향후 추진 4.해당없음 |
|---|---|---|---|---|---|---|---|---|---|---|---|---|
| 1 | 감사원 | 무인경비용역 | 77,412 | 운영지원과 | 1 | 8 | 4 | 1 | 7 | 1 | 1 | 4 |
| 2 | 감사원 | 본원 노후시설물 성능개선공사 | 13,000 | 운영지원과 | 1 | 8 | 4 | 1 | 7 | 1 | 1 | 4 |
| 3 | 감사원 | 감사원 직장어린이집 운영 | 294,530 | 운영지원과 | 1 | 8 | 4 | 1 | 7 | 1 | 1 | 4 |
| 4 | 감사원 | OASYS 유지관리 및 운영 | 1,288,000 | 운영지원과 | 1 | 8 | 4 | 1 | 7 | 1 | 1 | 4 |
| 5 | 감사원 | 공공감사정보시스템 유지관리 및 운영 | 251,000 | 운영지원과 | 1 | 8 | 4 | 1 | 7 | 1 | 1 | 4 |
| 6 | 감사원 | 감사자료보석시스템 유지관리 및 운영 | 1,773,490 | 운영지원과 | 1 | 8 | 4 | 1 | 7 | 1 | 1 | 4 |
| 7 | 감사원 | 사이버 보안센터 운영 | 779,000 | 운영지원과 | 1 | 8 | 4 | 1 | 7 | 1 | 1 | 4 |
| 8 | 개인정보보호위원회 | 정보화체계 유지관리 | 538,000 | 법무감사담당관 | 1 | 8 | 2 | 2 | 2 | 5 | 5 | 4 |
| 9 | 개인정보보호위원회 | 개인정보조사정보시스템 운영 | 300,000 | 조사총괄과 | 1 | 7 | 7 | 8 | 7 | 5 | 5 | 4 |
| 10 | 경찰청 | 스마트위치추적화시스템 | 70,000 | 수사인권과 | 1 | 6 | 7 | 8 | 7 | 5 | 5 | 4 |
| 11 | 고용노동부 | 직업안전기관운영(일반) | 538,000 | 고용서비스정책과 | 1 | 7 | 4 | 1 | 7 | 1 | 1 | 4 |
| 12 | 고용노동부 | 고용노동통계조사 | 356,000 | 노동시장조사과 | 1 | 7 | 1 | 3 | 2 | 1 | 1 | 4 |
| 13 | 고용노동부 | 퇴직금여제도지원 | 25,000 | 퇴직연금복지과 | 1 | 7 | 4 | 7 | 2 | 1 | 1 | 4 |
| 14 | 고용노동부 | 고용노동통계(정보화) | 3,728,576 | 정보화기획팀 | 1 | 7 | 1 | 2 | 2 | 1 | 1 | 1 |
| 15 | 고용노동부 | 고용노동통계(정보화) | 1,811,000 | 정보화기획팀 | 1 | 4 | 1 | 2 | 2 | 1 | 1 | 4 |
| 16 | 고용노동부 | 청련사우지및시설관리 | 592,000 | 운영지원 | 1 | 7 | 1,4 | 1,2 | 3,7 | 1 | 1 | 4 |
| 17 | 고용노동부 | 고객성담센터운영 | 1,117,134 | 기획지원과 | 1 | 7 | 4 | 8 | 7 | 5 | 5 | 4 |
| 18 | 고용노동부 | 고용센터디지털정사관리비 | 404,069 | 고용서비스정책과 | 1 | 7 | 4 | 1 | 7 | 1 | 1 | 4 |
| 19 | 고용노동부 | 근로자건강보호 | 50,000 | 산업보건과 | 1 | 7 | 7 | 8 | 7 | 5 | 5 | 4 |
| 20 | 고용노동부 | 산재보험운용 기타경비 | 10,000 | 산재예방지원과 | 1 | 7 | 7 | 8 | 7 | 5 | 5 | 4 |
| 21 | 고용노동부 | 청년일자리창출지원 | 14,980,000 | 공정채용기반과 | 2 | 7 | 7 | 8 | 7 | 5 | 5 | 4 |
| 22 | 고용노동부 | 청년내일채움공제(일반) | 2,000,000 | 청년취업지원과 | 2 | 2 | 4 | 1 | 7 | 1 | 1 | 4 |
| 23 | 고용노동부 | 국민취업지원제도(일반) | 133,289,000 | 국민취업지원기획팀 | 2 | 1 | 7 | 8 | 7 | 5 | 5 | 4 |
| 24 | 고용노동부 | 노동시장 분석도 현장 | 29,378,000 | 노동시장정책과 | 2 | 1 | 7 | 8 | 7 | 5 | 5 | 4 |
| 25 | 고용노동부 | 상생형학 확산지원 | 6,000,000 | 노동개혁총괄과 | 3 | 6 | 7 | 2 | 2 | 2 | 2 | 4 |
| 26 | 고용노동부 | 진폐해로금 | 86,828,000 | 산재보상정책과 | 3 | 1 | 7 | 1 | 7 | 1 | 1 | 4 |
| 27 | 고용노동부 | 진폐건강진단 | 1,510,000 | 산재보상정책과 | 2 | 1 | 7 | 6 | 7 | 5 | 5 | 4 |
| 28 | 고용노동부 | 진폐근로자지원 | 1,228,000 | 산재보상정책과 | 2 | 1 | 7 | 6 | 7 | 1 | 1 | 4 |
| 29 | 고용노동부 | 고용안정정책금 | 1,600,000 | 고용문화개선정책과 | 2 | 1 | 7 | 8 | 7 | 5 | 5 | 4 |
| 30 | 고용노동부 | 근로자건강보호 | 1,228,000 | 산업보건과 | 2 | 1 | 1 | 2 | 2 | 2 | 2 | 1 |
| 31 | 고용노동부 | 고용행정가사업 | 1,039,000 | 노동시장수급대책과 | 3 | 1 | 4 | 1 | 7 | 1 | 1 | 4 |
| 32 | 고용노동부 | 고용서비스모니터링 | 1,085,000 | 고용서비스정책과 | 3 | 1 | 5 | 1 | 7 | 1 | 1 | 4 |
| 33 | 과학기술정보통신부 | 기금관리비 | 1,446,971 | 정보통신산업정책관 | 2 | 1 | 5 | 5 | 7 | 1 | 2 | 4 |
| 34 | 과학기술정보통신부 | 기금관리기관운영 | 641,000 | 정보통신산업정책관 | 2 | 1 | 5 | 6 | 7 | 1 | 2 | 4 |
| 35 | 과학기술정보통신부 | 우주공공설립추진단 운영(R&D) | 1,000 | 우주공공설립추진단 | 2 | 1 | 7 | 8 | 7 | 5 | 5 | 4 |
| 36 | 과학기술정보통신부 | 국가기술자선위원회 운영 | 545,000 | 지식재산전략기획단 | 2 | 1,6 | 7 | 8 | 7 | 5 | 5 | 4 |
| 37 | 과학기술정보통신부 | 네트워크 인프라 산업육성(정보화) | 927,000 | 초거대메타데이터정책관 | 2 | 1 | 5 | 1 | 7 | 1 | 2 | 1 |

| 순번 | 기관명 | 지출명 (사업명) | 2024년 예산 (단위:천원/1년간) | 민간위탁 분류 (2023년 예산balance기금운용계획집행지침에 의거) 1.관리운영비(210-15목) 2.민간위탁사업비(320-02목) 3.법정민간위탁사업비(320-08목) | 민간위탁 근거 1.법률의 규정 2.국고보조금(국가지정) 3.용도지정기부금 4.사업규칙 및 운영 규정 5.국가가 공정하는 사업을 하는 공공기관 6.국가 정책 및 계획사항 7.기타 8.해당없음 | 계약체결방법 (공개형태) 1.일반경쟁 2.제한경쟁 3.지명경쟁 4.수의계약 5.법정경쟁 6.기타() 7.해당없음 | 입찰방식 계약기간 1.1년 2.2년 3.3년 4.4년 5.5년 6.기타() 7.단가계약(1년미만) 8.해당없음 | 낙찰자선정방법 1.적격심사 2.협상에의한계약 3.최저가낙찰 4.2단계 경쟁입찰 5.수의계약 6.기타() 7.해당없음 | 운영예산 선정 1.내부사정 (부서 자체적으로 선정) 2.외부사정 3.외부전문기관위촉 선정 4.신청禁 5.해택禁 | 정산법 1.내부정산 (부서 내부적으로 정산) 2.외부정산 3.외부전문기관에의해 정산 4.정산禁 5.해당없음 | 성과평가 실시여부 1.실시 2.미실시 3.평가주관 4.해당없음 |
|---|---|---|---|---|---|---|---|---|---|---|---|
| 38 | 과학기술정보통신부 | 정보통신방송 해외진출지원 | 2,371,000 | 국제협력관 | 2 | 5 | 7 | 8 | 7 | 5 | 2 | 4 |
| 39 | 과학기술정보통신부 | 주파수회수재배치손실보상(정보화) | 844,000 | 전파정책국 | 2 | 1 | 5 | 1 | 7 | 3 | 2 | 1 |
| 40 | 과학기술정보통신부 | 방송장비산업프로다육(정보화) | 865,000 | 전파정책국 | 2 | 1 | 5 | 1 | 7 | 3 | 2 | 1 |
| 41 | 과학기술정보통신부 | 신업생활주파수활용기반구축(정보화) | 1,907,000 | 전파정책국 | 2 | 1 | 5 | 1 | 7 | 1 | 2 | 1 |
| 42 | 과학기술정보통신부 | 인터넷 이용환경 고도화(정보화) | 162,000 | 정보통신정책국 | 2 | 5 | 4 | 1 | 6 | 1 | 2 | 1 |
| 43 | 과학기술정보통신부 | 통신우편사업 | 27,531,000 | 우정사업본부 우편사업과 | 2 | 1 | 4 | 1 | 7 | 1 | 2 | 1 |
| 44 | 과학기술정보통신부 | 저소득 정보통신방송 개발원지원(ODA) | 3,150,000 | 국제협력관 | 2 | 1 | 7 | 8 | 7 | 1 | 2 | 1 |
| 45 | 과학기술정보통신부 | 인공지능기반정책지원 | 350,000 | 인공지능기반정책과 | 2 | 1 | 7 | 8 | 7 | 5 | 5 | 4 |
| 46 | 과학기술정보통신부 | 우표문화사업 | 990,000 | 우정사업본부 우편사업과 | 2 | 1 | 4 | 1 | 6 | 1 | 1 | 1 |
| 47 | 과학기술정보통신부 | 우편사업운영 | 12,573,000 | 우정사업본부 우편사업과 | 2 | 1 | 4 | 1 | 6 | 1 | 1 | 1 |
| 48 | 과학기술정보통신부 | 전리인통신보안이용기반구축 | 1,332,000 | 전파정책국 | 2 | 4 | 5 | 1 | 2 | 1 | 2 | 4 |
| 49 | 과학기술정보통신부 | 정보보호신산업경쟁력확화(정보화) | 1,273,000 | 정보보호네트워크정책관 | 2 | 1 | 5 | 8 | 7 | 1 | 1 | 1 |
| 50 | 과학기술정보통신부 | 주파수 수급 및 정비체계 구축 | 1,561,000 | 전파정책국 | 2 | 5 | 5 | 1 | 6 | 1 | 2 | 1 |
| 51 | 과학기술정보통신부 | 우편발송 | 28,187,000 | 우정사업본부 물류기획과 | 2 | 1 | 4 | 1 | 6 | 1 | 1 | 1 |
| 52 | 과학기술정보통신부 | 국내우편운송 | 207,383,000 | 우정사업본부 물류기획과 | 2 | 1 | 4 | 1 | 6 | 1 | 1 | 1 |
| 53 | 과학기술정보통신부 | 집배업무위탁 | 245,781,000 | 우정사업본부 우편집배과 | 2 | 1 | 4 | 1 | 6 | 1 | 1 | 1 |
| 54 | 과학기술정보통신부 | 생활, 산업환경의 전자파 안전정보 플랫폼 구축 | 365,000 | 전파정책국 | 2 | 1 | 7 | 8 | 6 | 1 | 2 | 1 |
| 55 | 과학기술정보통신부 | 우체국소포사업 | 9,880,000 | 우정사업본부 소포자자지원과 | 2 | 1 | 4 | 1 | 6 | 5 | 1 | 1 |
| 56 | 과학기술정보통신부 | 국제우편운영 | 992,000 | 우정사업본부 국제사업과 | 2 | 1 | 4 | 1 | 6 | 5 | 1 | 1 |
| 57 | 과학기술정보통신부 | 예금사업운영 | 2,979,000 | 우정사업본부 금융총괄과 | 2 | 1 | 5 | 1 | 7 | 5 | 1 | 4 |
| 58 | 과학기술정보통신부 | 금융사업위탁 | 12,267,370 | 우정사업본부 금융총괄과 | 2 | 1 | 5 | 1 | 2 | 1 | 2 | 4 |
| 59 | 과학기술정보통신부 | 보험사업운영 | 2,219,000 | 우정사업본부 보험사산과 | 1 | 8 | 2 | 3 | 2 | 1 | 1 | 4 |
| 60 | 과학기술정보통신부 | 보험사업위탁 | 37,440,000 | 우정사업본부 보험사업과 | 1 | 6 | 2 | 2 | 2 | 1 | 1 | 4 |
| 61 | 과학기술정보통신부 | 연구산업기반조성 | 1,460,000 | 과학기술일자리혁신관 | 1 | 6 | 7 | 8 | 7 | 5 | 5 | 4 |
| 62 | 과학기술정보통신부 | 별정 및 취급국 운영 | 64,732,000 | 우정사업본부 경영기획담당관 | 1 | 6 | 1 | 7 | 2 | 1 | 1 | 2 |
| 63 | 과학기술정보통신부 | 이용정화정보보시스템운영통영 | 319,000 | 통신정책관 | 1 | 1 | 2 | 3 | 1 | 5 | 1 | 4 |
| 64 | 과학기술정보통신부 | 기술사업화정보시스템구축 및 운영동영 | 260,000 | 미래인재정책관 | 2 | 8 | 7 | 8 | 6 | 5 | 5 | 4 |
| 65 | 과학기술정보통신부 | 전파교로국가대응체계구축및고도화사업 | 180,000 | 중앙전파관리소 | 2 | 1 | 5 | 1 | 7 | 1 | 2 | 1 |
| 66 | 과학기술정보통신부 | 과기정통부 정보시스템 통합위탁운영 및 유지관리(행정사무정보화)(정보화) | 1,677,000 | 정보화담당관 | 1 | 8 | 2 | 3 | 2 | 1 | 5 | 1 |
| 67 | 과학기술정보통신부 | 과학기술정보통신부정보화 | 830,000 | 운영지원과 | 1 | 6 | 2 | 2 | 2 | 1 | 1 | 4 |
| 68 | 과학기술정보통신부 | 과학기술정보통신부정보 | 400,000 | 운영지원과 | 1 | 6 | 7 | 8 | 7 | 1 | 5 | 4 |
| 69 | 과학기술정보통신부 | 과학기술정보통신부정보 | 394,000 | 운영지원과 | 1 | 6 | 1 | 7 | 2 | 1 | 1 | 4 |
| 70 | 과학기술정보통신부 | 과학기술정보통신부정보 | 57,000 | 운영지원과 | 1 | 1 | 7 | 8 | 7 | 5 | 5 | 4 |
| 71 | 과학기술정보통신부 | 과학기술정보통신부정보 | 20,800,000 | 디지털통신안전과 | 1 | 1 | 4 | 1 | 6 | 1 | 1 | 2 |
| 72 | 과학기술정보통신부 | 국가과학기술자운화의사무원단 | 20,000 | 국가과학기술자운화의사무원단 | 1 | 8 | 7 | 8 | 7 | 5 | 5 | 4 |
| 73 | 과학기술정보통신부 | 국가지재산위원회원운 | 45,000 | 기획총괄 | 1 | 1,6 | 7 | 8 | 7 | 5 | 5 | 4 |
| 74 | 과학기술정보통신부 | 전파연구시설 | 1,076,000 | 국립전파연구원 전파자원기획과 | 1 | 1 | 7 | 8 | 7 | 5 | 5 | 4 |
| 75 | 과학기술정보통신부 | 국립전파연구원(R&D) | 118,000 | 국립전파연구원 전파자원기획과 | 1 | 8 | 7 | 8 | 7 | 5 | 5 | 4 |
| 76 | 과학기술정보통신부 | 전파업무정보화 | 832,000 | 국립전파연구원 정보운영과 | 1 | 1 | 7 | 8 | 7 | 5 | 5 | 4 |
| 77 | 과학기술정보통신부 | 방송통신장비시스템구축및운영 | 334,000 | 국립전파연구원 정보운영과 | 1 | 1 | 7 | 8 | 7 | 5 | 5 | 4 |

| 순번 | 기관명 | 지출명<br>(사업명) | 2024년 예산<br>(단위:천원/1년간) | 담당부서 | 민간이전 분류<br>(2023년 예산및기금운용계획집행지침에 의거)<br>1. 관리용역비 (210-15목)<br>2. 민간위탁사업비 (320-02목)<br>3. 법정민간대행사업비 (320-08목) | 민간위탁자출 근거<br>1. 법률에 규정<br>2. 국고보조 재원(국가지침)<br>3. 용도 지정 기부금<br>4. 시행규칙 운영 규정<br>5. 국가가 공유하는 사업을 하는 공공기관<br>6. 국가 정책 및 계획사항<br>7. 기타<br>8. 해당없음 | 계약체결방법<br>(경쟁형태)<br>1. 일반경쟁<br>2. 제한경쟁<br>3. 지명경쟁<br>4. 수의계약<br>5. 법정계약<br>6. 기타( )<br>7. 해당없음 | 입찰방식 계약기간<br>1. 1년<br>2. 2년<br>3. 3년<br>4. 4년<br>5. 5년<br>6. 기타 ( )년<br>7. 단기계약<br>(1년미만)<br>8. 해당없음 | 낙찰자선정방식<br>1. 적격심사<br>2. 협상에의한계약<br>3. 최저가낙찰제<br>4. 규격가격분리<br>5. 2단계 경쟁입찰<br>6. 기타<br>7. 해당없음 | 운영예산 산정<br>1. 내부산정<br>(부서 자체적으로 산정)<br>2. 외부산정<br>(외부전문기관위탁 산정)<br>3. 내·외부 모두 산정<br>4. 산정無<br>5. 해당없음 | 정산방법<br>1. 내부정산<br>(부서 내부적으로 정산)<br>2. 외부정산<br>(외부전문기관위탁 정산)<br>3. 내·외부기관위탁 정산<br>4. 정산無<br>5. 해당없음 | 성과평가 실시여부<br>1. 실시<br>2. 미실시<br>3. 향후 추진<br>4. 해당없음 |
|---|---|---|---|---|---|---|---|---|---|---|---|---|
| 78 | 과학기술정보통신부 | 전자공시시설 | 3,818,000 | 중앙전파관리소 | 1 | 1 | 7 | 8 | 7 | 5 | 5 | 4 |
| 79 | 과학기술정보통신부 | 전파관리행정업보화 | 293,000 | 중앙전파관리소 | 1 | 1 | 2 | 2 | 2 | 1 | 1 | 2 |
| 80 | 과학기술정보통신부 | 전사운영관리시스템 유지관리 용역 | 11,900 | 전사운영정책과 | 1 | 5 | 4 | 1 | 7 | 1 | 1 | 4 |
| 81 | 과학기술정보통신부 | 계열형 전사관 안내시스템 위탁 관리 용역 | 22,000 | 전사운영정책과 | 1 | 5 | 4 | 1 | 7 | 1 | 1 | 4 |
| 82 | 과학기술정보통신부 | 전체형 및 전체권축소 유지보수 용역 | 142,000 | 전사운영정책과 | 1 | 5 | 2 | 1 | 2 | 1 | 1 | 4 |
| 83 | 과학기술정보통신부 | 국립중앙과학관 정보시스템 통합 유지 관리 | 624,000 | 정보보안전담 | 1 | 5 | 4 | 1 | 7 | 1 | 1 | 4 |
| 84 | 과학기술정보통신부 | 창업전시관운영(손익계정) | 184,780 | 경영기획과 | 1 | 7 | 7 | 8 | 7 | 5 | 5 | 4 |
| 85 | 과학기술정보통신부 | 과학교육문화(손익계정) | 50,000 | 경영기획과 | 1 | 7 | 7 | 8 | 7 | 5 | 5 | 4 |
| 86 | 과학기술정보통신부 | 시설관리(손익계정) | 466,548 | 경영기획과 | 1 | 7 | 7 | 8 | 7 | 5 | 5 | 4 |
| 87 | 과학기술정보통신부 | 국립어린이과학관운영(손익계정) | 99,000 | 경영기획과 | 1 | 7 | 7 | 8 | 7 | 5 | 5 | 4 |
| 88 | 과학기술정보통신부 | 우편계속시설운영(물류센터 관리위탁) | 949,200 | 물류기획과 | 1 | 7 | 5 | 1 | 1 | 1 | 1 | 4 |
| 89 | 과학기술정보통신부 | 우편계속시설운영(우편기계 유지보수 위탁용역) | 2,938,040 | 물류기획과 | 1 | 7 | 7 | 8 | 7 | 5 | 5 | 4 |
| 90 | 과학기술정보통신부 | 우편계속시설운영(디지털트윈 기반 안전관리 용역) | 213,960 | 물류기획과 | 1 | 7 | 1 | 3 | 5 | 1 | 1 | 4 |
| 91 | 과학기술정보통신부 | 국제우편운영 | 100,000 | 국제사업과 | 1 | 7 | 4 | 1 | 7 | 2 | 2 | 4 |
| 92 | 과학기술정보통신부 | 우편탐혁신업무정보화(정보화) | 6,178,417 | 디지털혁신담당관 | 1 | 1 | 1 | 2 | 2 | 1 | 1 | 1 |
| 93 | 과학기술정보통신부 | 우편탐혁신업무정보화(정보화) | 2,564,583 | 디지털혁신담당관 | 1 | 1 | 5 | 1 | 2 | 1 | 1 | 1 |
| 94 | 과학기술정보통신부 | 우편사무정보화(정보화) | 1,220,105 | 디지털혁신담당관 | 1 | 1 | 1 | 2 | 2 | 1 | 1 | 4 |
| 95 | 과학기술정보통신부 | 우편사무정보화(정보화) | 1,499,551 | 디지털혁신담당관 | 1 | 1 | 1 | 2 | 2 | 1 | 1 | 4 |
| 96 | 과학기술정보통신부 | 우편사무정보화(정보화) | 1,545,924 | 디지털혁신담당관 | 1 | 1 | 1 | 5 | 5 | 1 | 1 | 4 |
| 97 | 과학기술정보통신부 | 우편사무정보화(정보화) | 268,434 | 디지털혁신담당관 | 1 | 1 | 1 | 1 | 2 | 1 | 1 | 4 |
| 98 | 과학기술정보통신부 | 우편사무정보화(정보화) | 286,977 | 디지털혁신담당관 | 1 | 1 | 1 | 5 | 2 | 1 | 1 | 1 |
| 99 | 과학기술정보통신부 | 우편시설유지관리 | 73,739,000 | 기반시설기술담당관 | 1 | 1 | 5 | 3 | 7 | 1 | 1 | 4 |
| 100 | 과학기술정보통신부 | 예금사업운영(ATM위탁) | 1,096,000 | 금융경영과 | 1 | 1 | 5 | 5 | 1 | 1 | 1 | 1 |
| 101 | 과학기술정보통신부 | 금융사업위탁(정구경비위탁) | 40,332,000 | 금융경영과 | 1 | 1 | 5 | 3 | 1 | 1 | 1 | 4 |
| 102 | 과학기술정보통신부 | 금융사업위탁(점의365코너위탁) | 1,594,000 | 금융경영과 | 1 | 1 | 1 | 5 | 1 | 1 | 1 | 4 |
| 103 | 과학기술정보통신부 | 우체국정보화(정보화) | 7,699,000 | 디지털정보담당관 | 1 | 4 | 1 | 3 | 2 | 1 | 1 | 4 |
| 104 | 과학기술정보통신부 | 우체국정보화(정보화) | 1,563,000 | 디지털정보담당관 | 1 | 4 | 1 | 3 | 2 | 1 | 1 | 1 |
| 105 | 관세청 | 국제우편 지원용 스캐너 | 453,000 | 수출입안전관리과 | 3 | 1 | 4 | 1 | 6 | 1 | 1 | 4 |
| 106 | 관세청 | 지식재산권 국경보호사업 | 853,188 | 수출입안전관리과 | 2 | 1 | 4 | 1 | 6 | 1 | 1 | 1 |
| 107 | 국가보훈부 | 보훈단체운영및손행활동 등 | 1,630,926 | 보훈단체협력과 | 2 | 8 | 7 | 8 | 7 | 5 | 5 | 4 |
| 108 | 국가보훈부 | 종합체육센터시설관리운영 | 3,223,000 | 보훈의료정책과 | 2 | 8 | 7 | 8 | 7 | 5 | 5 | 4 |
| 109 | 국가보훈부 | 보훈문화조성 | 5,096,000 | 보훈의료정책과 | 2 | 8 | 7 | 8 | 7 | 5 | 5 | 4 |
| 110 | 국가보훈부 | 보훈문화콘텐츠제작및지원 | 2,000,000 | 보훈문화콘텐츠과 | 2 | 8 | 7 | 8 | 7 | 5 | 5 | 4 |
| 111 | 국가보훈부 | 제대군인사회복귀지원 | 20,000 | 제대군인정책과 | 2 | 8 | 7 | 8 | 7 | 5 | 5 | 4 |
| 112 | 국가보훈부 | 국제보훈교류협력사업 | 250,000 | 보훈의료정책과 | 2 | 8 | 7 | 8 | 7 | 5 | 5 | 4 |
| 113 | 국가보훈부 | 기타복지지원 | 176,000 | 복지지원책과 | 2 | 8 | 7 | 8 | 7 | 5 | 5 | 4 |
| 114 | 국가보훈부 | 보훈요양원건립 | 3,365,000 | 복지시비스과 | 3 | 8 | 7 | 8 | 7 | 5 | 5 | 4 |
| 115 | 국가보훈부 | 국가보훈맞춤이용지원 | 117,000 | 복지시비스과 | 3 | 8 | 7 | 8 | 7 | 5 | 5 | 4 |
| 116 | 국가보훈부 | 돌봄장비지원 | 17,333,000 | 복지시비스과 | 2 | 8 | 7 | 8 | 7 | 5 | 5 | 4 |
| 117 | 국가보훈부 | 돌봄시설투자 | 3,197,000 | 복지시비스과 | 3 | 8 | 7 | 8 | 7 | 5 | 5 | 4 |

| 순번 | 기관명 | 지출명 (사업명) | 2024년 예산 (단위:천원/11인간) | 민간인건비 분류 (2023년 예산기금운용계획집행지침에 의거) 1.관리활동비(210-15목) 2.민간위탁사업(320-02목) 3.법정민간대행사업(320-08목) | 민간인건비출 근거 1.법률에 규정 2.국고보조금(국가지원) 3.용도지정 기부금 4.사업규칙 및 운영 규정 5.국가가 권장하는 사업으로 하는 공공기관 6.국가 정책 및 재정사정 7.기타 8.해당없음 | 계약방법 (경쟁형태) 1.일반경쟁 2.제한경쟁 3.지명경쟁 4.수의계약 5.법정위탁 6.기타 7.해당없음 | 입찰방식 계약기간 1.1년 2.2년 3.3년 4.4년 5.5년 6.기타( )년 7.단기계약 (1년이만) 8.해당없음 | 낙찰자선정방법 1.적격심사 2.협상에의한계약 3.최저가낙찰 4.규가격결정 5.2단계 경쟁입찰 6.기타( ) 7.해당없음 | 운영예산 산정 운영예산 산정 (부서 자체적으로 산정) 1.내부산정 2.외부산정 (외부전문기관에 산정) 3.내외부 모두 산정 4.산정無 5.해당없음 | 정산방법 1.내부정산 (부서 내부적으로 정산) 2.외부정산 (외부전문기관에 정산) 3.내외부 모두 산정 4.정산無 5.해당없음 | 성과평가 실시여부 1.실시 2.미실시 3.향후 추진 4.해당없음 |
|---|---|---|---|---|---|---|---|---|---|---|---|
| 118 | 국가보훈부 | 보훈심사위원회 운영 | 12,000 | 보훈심사위원회 | 1 | 8 | 7 | 8 | 7 | 5 | 5 | 4 |
| 119 | 국가보훈부 | 등록관리 | 197,000 | 등록관리과 | 1 | 8 | 7 | 8 | 7 | 5 | 5 | 4 |
| 120 | 국가보훈부 | 취업지원 | 45,000 | 생활안정과 | 1 | 8 | 7 | 8 | 7 | 5 | 5 | 4 |
| 121 | 국가보훈부 | 보훈문화조성 | 10,000 | 보훈문화정책과 | 1 | 8 | 7 | 8 | 7 | 5 | 5 | 4 |
| 122 | 국가보훈부 | 현충시설관리 | 147,000 | 현충시설관리과 | 1 | 8 | 7 | 8 | 7 | 5 | 5 | 4 |
| 123 | 국가보훈부 | 국립대한민국임시정부기념관운영 | 257,038 | 국립대한민국임시정부기념관 | 1 | 8 | 7 | 8 | 7 | 5 | 5 | 4 |
| 124 | 국가보훈부 | 독립유공자료수집관리 | 63,000 | 보훈기록관리과 | 1 | 8 | 7 | 8 | 7 | 5 | 5 | 4 |
| 125 | 국가보훈부 | 국가유공자등예우및지원 | 240,000 | 예우정책과 | 1 | 8 | 7 | 8 | 7 | 5 | 5 | 4 |
| 126 | 국가보훈부 | 국립대전현충원 | 191,000 | 국립대전현충원 | 1 | 8 | 7 | 8 | 7 | 5 | 5 | 4 |
| 127 | 국가보훈부 | 국립3.15묘지 | 34,000 | 국립3.15묘지 | 1 | 8 | 7 | 8 | 7 | 5 | 5 | 4 |
| 128 | 국가보훈부 | 국립5.18묘지 | 18,323 | 국립5.18묘지 | 1 | 8 | 7 | 8 | 7 | 5 | 5 | 4 |
| 129 | 국가보훈부 | 국립영천호국원 | 229,000 | 국립영천호국원 | 1 | 8 | 7 | 8 | 7 | 5 | 5 | 4 |
| 130 | 국가보훈부 | 국립임실호국원 | 265,000 | 국립임실호국원 | 1 | 8 | 7 | 8 | 7 | 5 | 5 | 4 |
| 131 | 국가보훈부 | 국립이천호국원 | 205,100 | 국립이천호국원 | 1 | 8 | 7 | 8 | 7 | 5 | 5 | 4 |
| 132 | 국가보훈부 | 국립산청호국원 | 358,000 | 국립산청호국원 | 1 | 8 | 7 | 8 | 7 | 5 | 5 | 4 |
| 133 | 국가보훈부 | 국립신암선열공원 | 13,000 | 국립신암선열공원 | 1 | 8 | 7 | 8 | 7 | 5 | 5 | 4 |
| 134 | 국가보훈부 | 국립괴산호국원 | 328,760 | 국립괴산호국원 | 1 | 8 | 7 | 8 | 7 | 5 | 5 | 4 |
| 135 | 국가보훈부 | 국립제주호국원 | 158,000 | 국립제주호국원 | 1 | 8 | 7 | 8 | 7 | 5 | 5 | 4 |
| 136 | 국가보훈부 | 제대군인사회복귀지원 | 81,645 | 제대군인일자리과 | 1 | 8 | 7 | 8 | 7 | 5 | 5 | 4 |
| 137 | 국가보훈부 | 국제협력교류사업 | 30,000 | 국제협력과 | 1 | 8 | 7 | 8 | 7 | 5 | 5 | 4 |
| 138 | 국가보훈부 | 국립묘지운영 | 49,640 | 국립묘지정책과 | 1 | 8 | 7 | 8 | 7 | 5 | 5 | 4 |
| 139 | 국가보훈부 | 서울지방청운영 | 61,960 | 서울지방청 | 1 | 8 | 7 | 8 | 7 | 5 | 5 | 4 |
| 140 | 국가보훈부 | 부산지방청운영 | 24,436 | 부산지방청 | 1 | 8 | 7 | 8 | 7 | 5 | 5 | 4 |
| 141 | 국가보훈부 | 대전지방청운영 | 33,000 | 대전지방청 | 1 | 8 | 7 | 8 | 7 | 5 | 5 | 4 |
| 142 | 국가보훈부 | 대구지방청운영 | 10,100 | 대구지방청 | 1 | 8 | 7 | 8 | 7 | 5 | 5 | 4 |
| 143 | 국가보훈부 | 광주지방청운영 | 41,120 | 광주지방청 | 1 | 8 | 7 | 8 | 7 | 5 | 5 | 4 |
| 144 | 국가보훈부 | 행정융합활용증진및기능개발 | 24,000 | 혁신행정담당관 | 1 | 8 | 4 | 1 | 2 | 5 | 5 | 4 |
| 145 | 국가보훈부 | 국립보훈상담센터운영 | 25,000 | 국립보훈상담센터 | 1 | 8 | 4 | 1 | 2 | 5 | 5 | 4 |
| 146 | 국가보훈부 | 국가유공자통합보훈시스템(전략) | 2,378,000 | 정보화담당관 | 1 | 8 | 4 | 1 | 7 | 5 | 5 | 4 |
| 147 | 국가보훈부 | 국가유공자등 노후복지지원 | 76,000 | 복지사업과 | 1 | 8 | 7 | 3 | 7 | 5 | 5 | 4 |
| 148 | 국가보훈부 | FIU정보통합분석시스템(FOCAS)운영(정보화) | 815,000 | 국립대전현충원 외 28개 관서 | 1 | 1 | 7 | 8 | 7 | 5 | 5 | 4 |
| 149 | 국세청 | 소득자료관리시스템 운영(정보화) | 1,803,000 | 국세청 외 5개 관서 | 1 | 1 | 2 | 1 | 2 | 1 | 1 | 4 |
| 150 | 국세청 | 서울청 기본경비 | 1,183,921 | 국세청 | 1 | 1 | 4 | 1 | 7 | 1 | 1 | 4 |
| 151 | 국세청 | 서울청 기본경비 | 240,000 | 서울청 행정관 | 1 | 1 | 4 | 1 | 7 | 1 | 1 | 4 |
| 152 | 국세청 | 서울청 기본경비 | 21,912 | 평가담당관 | 1 | 1 | 4 | 1 | 7 | 1 | 1 | 4 |
| 153 | 국세청 | 서울청 기본경비 | 9,372 | 서울청 행정관 | 1 | 1 | 4 | 1 | 7 | 1 | 1 | 4 |
| 154 | 국세청 | 서울청 기본경비 | 383,807 | 서울청 외 28개 관서 | 1 | 1 | 4 | 3 | 7 | 1 | 1 | 4 |
| 155 | 국세청 | 서울청 기본경비 | 260,000 | 서울청 외 5개 관서 | 1 | 1 | 7 | 8 | 7 | 5 | 5 | 4 |
| 156 | 국세청 | 서울청 기본경비 | 51,000 | 부산 | 1 | 1 | 4 | 1 | 7 | 1 | 1 | 4 |
| 157 | 국세청 | 서울청 기본경비 | 51,000 | 부등 | 1 | 1 | 4 | 1 | 7 | 1 | 1 | 4 |

| 순번 | 기관명 | 사업명 (사업명) | 2024년 예산 (단위:천원/1인당) | 담당부서 | 민간위탁 분류 (2023년 예산기준운용계획집행지침 의거) 1.관리용역비(210-15목) 2.민간위탁사업비(320-02목) 3.법정민간대행사업비(320-08목) | 민간위탁 근거 1.법률에 규정 2.국고보조 재원(국가재정) 3.용도 지정 기부금 4.시행규칙 및 운영 규정 5.국가가 권장하는 사업을 하는 공공기관 6.국가 정책 및 지정사업 7.기타 8.해당없음 | 계약체결방식(경쟁형태) 1.일반경쟁 2.제한경쟁 3.지명경쟁 4.수의계약 5.법정위탁 6.기타() 7.해당없음 | 입찰방식 계약기간 1.1년 2.2년 3.3년 4.4년 5.5년 6.기타(1년미만) 7.단기계약(1년미만) 8.해당없음 | 낙찰자선정방법 1.적격심사 2.입찰제안계약 3.최저가낙찰 4.규격가격분리 5.수의계약 6.기타() 7.해당없음 | 운영예산 산정 1.내부산정(부서자체적으로산정) 2.외부산정 3.내부외부모두산정 4.산정無 5.해당없음 | 정산방법 1.내부산정(부서내부적으로정산) 2.외부산정 3.외부전문기관에의뢰정산 4.정산無 5.해당없음 | 성과평가 실시여부 1.실시 2.미실시 3.향후 추진 4.해당없음 |
|---|---|---|---|---|---|---|---|---|---|---|---|---|
| 158 | 국세청 | 서울청 기본경비 | 51,000 | 동작 | 1 | | 7 | 8 | 7 | 5 | 5 | 4 |
| 159 | 국세청 | 중부청 기본경비 | 360,000 | 중부청 | 1 | 1 | 4 | 1 | 7 | 1 | 1 | 4 |
| 160 | 국세청 | 중부청 기본경비 | 102,000 | 중부청 | 1 | 1 | 7 | 8 | 7 | 5 | 5 | 4 |
| 161 | 국세청 | 중부청 기본경비 | 193,000 | 중부청 | 1 | 1 | 4 | 8 | 7 | 5 | 5 | 4 |
| 162 | 국세청 | 인천청 기본경비 | 376,700 | 인천청 | 1 | 1 | 4 | 1 | 7 | 1 | 1 | 4 |
| 163 | 국세청 | 대전청 기본경비 | 236,670 | 대전청 | 1 | 4 | 4 | 1 | 7 | 1 | 1 | 2 |
| 164 | 국세청 | 광주청 기본경비 | 174,000 | 광주청 | 1 | 4 | 4 | 1 | 7 | 1 | 1 | 4 |
| 165 | 국세청 | 대구청 기본경비 | 166,303 | 대구청 | 1 | | 4 | 1 | 7 | 1 | 1 | 4 |
| 166 | 국세청 | 부산청 기본경비 | 228,614 | 부산청 | 1 | | 4 | 1 | 7 | 1 | 1 | 4 |
| 167 | 국세청 | 2024년 국세법령정보시스템 운영 | 186,000 | 개발지원팀(대전청) | 1 | | 2 | 1 | 2 | 1 | 1 | 3 |
| 168 | 국세청 | 2024년 국세거래통합분석시스템 운영 및 유지관리 | 501,996 | 국제조세담당관 | 1 | | 2 | 1 | 2 | 1 | 1 | 3 |
| 169 | 국세청 | 23-24년 국세상담시스템 운영 및 유지관리(장기2차) | 1,087,000 | 국세상담센터 | 1 | | 1 | 2 | 2 | 1 | 1 | 3 |
| 170 | 국세청 | 24-26년 국세e교육원 운영 및 이러닝 콘텐츠제작 | 338,393 | 교육운영과 | 1 | | 2 | 3 | 2 | 1 | 1 | 4 |
| 171 | 국세청 | 2024년 지식관리시스템(생각나래) 운영 및 유지관리 | 158,390 | 정보개발담당관 | 1 | | 2 | 1 | 2 | 1 | 1 | 3 |
| 172 | 국세청 | 24-25년 주류유통정보시스템 운영유지력 | 104,000 | 소비세과 | 1 | | 2 | 2 | 2 | 1 | 1 | 3 |
| 173 | 국세청 | 해외정보교환시스템(AXIS) 운영유지관리 | 968,469 | 역외정보담당관 | 1 | | 2 | 2 | 2 | 1 | 1 | 1 |
| 174 | 국세청 | 24-25년 사이버안전센터 운영 및 유지관리 | 2,146,704 | 정보보호담당관 | 1 | | 2 | 1 | 2 | 1 | 1 | 4 |
| 175 | 국세청 | 2024년 e-민원시스템 운영 및 유지관리 | 354,205 | 정보화지원팀 | 1 | | 1 | 2 | 2 | 1 | 1 | 3 |
| 176 | 국세청 | 2024년 국세청 홈페이지 운영 및 유지관리 | 449,000 | 개발지원2팀(대전청) | 1 | | 2 | 1 | 2 | 1 | 1 | 3 |
| 177 | 국세청 | 23-24년 자료관리시스템 운영 및 유지관리(장기2차) | 304,000 | 세원정보과 | 1 | | 7 | 2 | 2 | 1 | 1 | 3 |
| 178 | 국세청 | 23-24년 감사정보시스템 운영 및 유지관리(장기2차) | 233,000 | 감사운영과 | 1 | | 7 | 2 | 2 | 1 | 1 | 3 |
| 179 | 국세청 | 2024년 정보화센터 외주인력 | 2,998,945 | 정보개발담당관 | 1 | | 1 | 1 | 2 | 1 | 1 | 4 |
| 180 | 국세청 | 23-24년 우편물센터 전산장비 유지력 운영(장기2차) | 998,000 | 정보관리담당관 | 1 | | 2 | 2 | 2 | 1 | 1 | 4 |
| 181 | 국세청 | 23-24년 우편물 발송시스템 유지관리 | 1,600,000 | 정보화담당관 | 1 | | 2 | 1 | 2 | 1 | 1 | 4 |
| 182 | 국세청 | 23-24년 네트워크 유지관리(장기2차) | 1,858,181 | 정보보호담당관 | 1 | | 2 | 2 | 2 | 1 | 1 | 4 |
| 183 | 국세청 | 24년 전산자료복구시스템(포렌식) 유지관리 | 977,000 | 첨단탈세방지담당관 | 1 | | 2 | 1 | 2 | 1 | 1 | 3 |
| 184 | 국세청 | 스캐너 유지관리 | 495,348 | 정보개발담당관 | 1 | | 7 | 8 | 7 | 5 | 5 | 4 |
| 185 | 국세청 | OCR 유지보수 및 위탁운영 | 162,055 | 정보보호담당관 | 1 | | 7 | 8 | 7 | 5 | 5 | 4 |
| 186 | 국세청 | 엔티스 전산시스템 운영(정보화) | 31,402,007 | 정보화운영담당관실 | 1 | | 7 | 8 | 2 | 1 | 1 | 4 |
| 187 | 국세청 | 2024-2025년 국세청 정보기술 통합관리체계(A) 위탁운영(1차)(국세통합정보시스템구축(정보화)) | 2,927,000 | 개발지원1팀(대전청) | 1 | | 1 | 1 | 2 | 1 | 1 | 4 |
| 188 | 국세청 | 2024-2025년 정보통합정보시스템 운영관리(1차)(부동산종합정보시스템운영(정보화)) | 243,000 | 빅데이터센터 | 2 | | 2 | 2 | 2 | 1 | 1 | 4 |
| 189 | 국세청 | 24년 빅데이터 운영 및 유지관리 | 4,306,000 | 빅데이터센터 | 1 | | 1 | 1 | 2 | 1 | 1 | 3 |
| 190 | 국세청 | 2024년 개발세금상환 전산시스템 운영(정보화) | 2,574,066 | 홈택스2담당관 | 1 | | 1 | 1 | 2 | 1 | 1 | 1 |
| 191 | 국세청 | 임시청사 이전비용 | 5,120,000 | 운영지원과 | 1 | | 6 | 1 | 7 | 1 | 1 | 4 |
| 192 | 국세청 | 국세통계센터 구축 및 운영(정보화) | 1,636,512 | 국세통계담당관실 | 1 | 1 | 1 | 1 | 5 | 1 | 1 | 1 |
| 193 | 국세청 | 국세상담센터 기본경비 | 540,323 | 상담센터 | 1 | 1 | 4 | 1 | 2 | 1 | 1 | 2 |
| 194 | 국토교통부 | 2024-2025년 국토교통 정보기술 통합관리체계(A) 위탁운영(1차)(국토교통행정정보시스템구축(정보화)) | 383,000 | 정보화통계담당관실 | 1 | 8 | 2 | 3 | 2 | 1 | 1 | 2 |
| 195 | 국토교통부 | 2024-2025년 정보통합정보시스템 운영관리(1차)(국토교통행정정보시스템운영(정보화)) | 736,000 | 정보화통계담당관실 | 1 | 8 | 2 | 2 | 2 | 1 | 1 | 2 |
| 196 | 국토교통부 | 2024년 개발제한구역 관리정보시스템 개선 및 관리(부동산종합정보시스템운영(정보화)) | 502,000 | 녹색도시과 | 2 | 1 | 4 | 7 | 7 | 1 | 1 | 4 |
| 197 | 국토교통부 | 2024년 국토교통정보통합관리체계 통합유지관리(국토교통 정보보호체계 구축 및 운영(정보화)) | 606,000 | 정보화통계담당관실 | 1 | 7 | 1 | 3 | 2 | 1 | 1 | 4 |

- 5 -

| 순번 | 기관명 | 지출명(사업명) | 2024년 예산(단위:천원/1년간) | 담당부서 | 민간이전 분류 (2023년 예산및기금운용계획집행지침에 의거) 1.관리용역비(210-15숙) 2.민간위탁사업비(320-02숙) 3.법령이건대행사업비(320-08숙) | 민간위탁사유 근거 1.법률에 규정 2.국고보조 제한(국가지침) 3.용도 지정 기부금 4.시행령 및 운영 규정 5.국가가 경영해는 사업을 하는 공공기관 6.국가 정책 지원사항 7.기타 8.해당없음 | 계약체결방법 1.일반경쟁 2.제한경쟁 3.지명경쟁 4.수의계약 5.법정위탁 6.기타( ) 7.해당없음 | 입찰방식 계약기간 1.1년 2.2년 3.3년 4.4년 5.5년 6.기타 (1년미만) 7.단가계약 (1년이상) 8.해당없음 | 낙찰자선정방법 1.적격심사 2.협상에의한계약 3.최저가낙찰제 4.근가격제한 5.2단계 경쟁입찰 6.기타( ) 7.해당없음 | 운영비산정 운영비산정 1.내부선정 (부서 자체적으로 선정) 2.외부선정 (외부전문기관에 선정) 3.내외부 모두 선정 4.선정無 5.해당없음 | 정산방법 1.내부정산 (부서 내부적으로 정산) 2.외부정산 3.내외부 경영정산 4.정산無 5.해당없음 | 성과평가 실시여부 1.실시 2.미실시 3.향후 추진 4.해당없음 |
|---|---|---|---|---|---|---|---|---|---|---|---|---|
| 198 | 국토교통부 | 2024년 적용 안전운송원가 산정 등을 위한 조사·분석·심의(화물자동차운전전문업체운임) | 787,000 | 물류산업과 | 2 | 1 | 4 | 1 | 7 | 1 | 1 | 2 |
| 199 | 국토교통부 | 2024년 주택정약 시장관리(주택정약 시장관리) | 1,189,000 | 주택기금과 | 2 | 1 | 7 | 8 | 7 | 5 | 5 | 4 |
| 200 | 국토교통부 | 2024년 통합공공정보시스템 기능개선 및 유지관리((항공정보시스템(정보화)) | 600,000 | 항공산업과 | 1 | 8 | 7 | 8 | 7 | 5 | 5 | 4 |
| 201 | 국토교통부 | 2024년 항공물품정보보시스템 운영위탁((항공정보시스템(정보화)) | 822,000 | 항공산업과 | 1 | 1 | 7 | 8 | 7 | 5 | 5 | 4 |
| 202 | 국토교통부 | 2024년 항공안전진시스템 운영 및 유지관리((항공정보시스템(정보화)) | 80,000 | 항공안전정책과 | 1 | 8 | 7 | 8 | 7 | 5 | 5 | 4 |
| 203 | 국토교통부 | 서울지방항공청운영위탁(항공정보시스템안전과) | 121,000 | 서울지방항공청운영안전과 | 1 | 8 | 7 | 8 | 7 | 5 | 5 | 4 |
| 204 | 국토교통부 | 2024년 항공정보포털시스템 운영 위탁(항공정보화) | 737,000 | 항공정책과 | 2 | 1 | 4 | 1 | 7 | 1 | 1 | 1 |
| 205 | 국토교통부 | 2024년 항공정보DB관리시스템 운영 및 유지관리(항공정보시스템 운영(정보화)) | 229,000 | 항공정책과 | 1 | 8 | 7 | 8 | 2 | 5 | 5 | 4 |
| 206 | 국토교통부 | 23-24년 국토교통부 사이버안전센터 통합보안관리체계 유지보수(1차)(국가공공사업 정보보호체계 구축) | 371,000 | 정보화담당관 | 1 | 7 | 7 | 3 | 2 | 1 | 1 | 4 |
| 207 | 국토교통부 | 24-26년 국토교통부 사이버안전센터 통합보안관리체계 유지보수(1차)(국가공공사업 정보보호체계 구축) | 1,385,000 | 정보화담당관 | 1 | 1 | 4 | 3 | 3 | 5 | 5 | 4 |
| 208 | 국토교통부 | 24년 우주축지원센터 개인아수치자리 및 대행 용역(국가기준점관리) | 2,640 | 국토지리정보원 | 2 | 1 | 4 | 1 | 3 | 1 | 1 | 2 |
| 209 | 국토교통부 | 24년 우주축지원센터 소방안전관리 대행 용역(국가기준점관리) | 2,904 | 국토지리정보원 | 2 | 1 | 4 | 1 | 3 | 1 | 1 | 4 |
| 210 | 국토교통부 | 24년 우주축지원센터 전기관전관리 대행 용역(국가기준점관리) | 8,411 | 국토지리정보원 | 1 | 1 | 4 | 1 | 3 | 1 | 1 | 4 |
| 211 | 국토교통부 | 24년 우주축지원센터 조경 및 방화선 관리 대행 용역(국가기준점관리) | 16,984 | 국토지리정보원 | 1 | 7 | 4 | 1 | 3 | 1 | 1 | 4 |
| 212 | 국토교통부 | 25년 산단진입도로 신규사업 타당성평가 용역(산단입지정책과) | 250,000 | 산업입지정책과 | 2 | 1 | 4 | 7 | 2 | 5 | 5 | 2 |
| 213 | 국토교통부 | ITSE준화성능평가위탁 | 600,000 | 디지털도로팀 | 2 | 1 | 7 | 8 | 7 | 1 | 1 | 4 |
| 214 | 국토교통부 | LUUCF 분야 정주지 부문 국가 온실가스 인벤토리 산정 및 보고(도시행정공간산업정책지원) | 166,000 | 국토정책과 | 2 | 1,2 | 4 | 7 | 2 | 5 | 5 | 2 |
| 215 | 국토교통부 | UAM 힘코리아운영지원(도시행정공간산업정책지원) | 400,000 | 도로정책과/도시행정공간산업정책지원 | 2 | 1 | 5 | 1 | 2 | 1 | 1 | 4 |
| 216 | 국토교통부 | 검정평가 타당성 조사 및 사업관리 사업(검정평가 타당성 조사) | 3,420,000 | 부동산평가과 | 2 | 1,2 | 5 | 1 | 7 | 5 | 5 | 4 |
| 217 | 국토교통부 | 건공공사업안전관리(종합정보화)(건설안전(SOC안전)정보시스템(정보화)) | 1,360,000 | 건설안전과 | 2 | 1 | 4 | 8 | 7 | 1 | 1 | 2 |
| 218 | 국토교통부 | 건설교통교통기술진흥원회(건설교통신기술인정) | 1,468,000 | 기술정책과 | 2 | 1,2 | 7 | 1 | 7 | 5 | 5 | 4 |
| 219 | 국토교통부 | 건설기술증급관리사업(건설교통기술신기술인정) | 250,000 | 건설정책과 | 2 | 1 | 4 | 8 | 6 | 1 | 1 | 4 |
| 220 | 국토교통부 | 건설교통급복자원위탁(건설교통문화) | 1,113,000 | 건설정책과 | 2 | 1,2 | 5 | 1 | 7 | 5 | 5 | 3 |
| 221 | 국토교통부 | 건설산업정보시스템(세움터) 운영관리 위탁(건설산업정보시스템 구축 및 운영(정보화)) | 2,170,000 | 건설안전과 | 2 | 1 | 4 | 1 | 2 | 5 | 5 | 4 |
| 222 | 국토교통부 | 건설행정지도 운영(세움터) 운영관리 위탁(건설산업정보시스템 구축 및 운영(정보화)) | 4,382,000 | 기술정책과 | 2 | 1 | 4 | 1 | 7 | 5 | 5 | 3 |
| 223 | 국토교통부 | 건재자원조사(출재자원조사) | 2,677,000 | 건설안전과 | 3 | 1 | 7 | 1 | 7 | 1 | 1 | 4 |
| 224 | 국토교통부 | 건축데이터 분석활용(국가공간정보 공동활용체계 구축 및 운영) | 1,053,000 | 건축안전과/건축안전정보센터 | 1 | 4 | 7 | 8 | 7 | 5 | 5 | 4 |
| 225 | 국토교통부 | 건축정보 오픈플랫폼(국가공간정보 공동활용체계 구축 및 운영) | 2,898,000 | 국가공간정보센터 | 1 | 4 | 7 | 8 | 7 | 5 | 5 | 4 |
| 226 | 국토교통부 | 건축정보 전문인력 양성사업(국토공간정보체계화(정보화)) | 1,960,000 | 국가공간정보센터 | 2 | 1 | 7 | 8 | 7 | 5 | 5 | 4 |
| 227 | 국토교통부 | 건축행정위원회(건축안전) | 372,000 | 건축문화경정책과 | 1 | 1,2 | 5 | 1 | 6 | 1 | 1 | 3 |
| 228 | 국토교통부 | 건축서비스산업 정보체계 구축 및 운영관리 위탁(건설산업정보시스템 구축 및 운영(정보화)) | 1,626,000 | 건축문화경정책과 | 2 | 1 | 4 | 8 | 7 | 5 | 5 | 4 |
| 229 | 국토교통부 | 건축안전모니터링(건축안전) | 2,170,000 | 건축안전과 | 2 | 1,2 | 5 | 1 | 2 | 1 | 1 | 3 |
| 230 | 국토교통부 | 공제자원조사(공제자원조사) | 3,123,000 | 건설안전과 | 2 | 1 | 4 | 1 | 7 | 5 | 5 | 4 |
| 231 | 국토교통부 | 공간빅데이터 분석활용(국가공간정보 공동활용체계 구축 및 운영) | 1,000,000 | 건축안전정보센터 | 1 | 4 | 7 | 8 | 2 | 1 | 1 | 4 |
| 232 | 국토교통부 | 공간정보 오픈플랫폼(국가공간정보 공동활용체계 구축 및 운영) | 850,000 | 국가공간정보센터 | 2 | 4 | 7 | 8 | 7 | 5 | 5 | 4 |
| 233 | 국토교통부 | 공간정보 전문인력 양성사업(국토공간정보화(정보화)) | 1,557,000 | 국가공간정보센터 | 2 | 1 | 5 | 8 | 7 | 5 | 5 | 4 |
| 234 | 국토교통부 | 공간정보보기준조사(국토공간정보화(정보화)) | 1,807,000 | 국가공간정보센터 | 2 | 1 | 7 | 1 | 6 | 1 | 1 | 4 |
| 235 | 국토교통부 | 공공건축물 리뉴얼 사업 지원(건축안전) | 353,000 | 공간정보보기준조사 | 2 | 1,2 | 7 | 8 | 7 | 5 | 5 | 4 |
| 236 | 국토교통부 | 공공건축물 에너지소비량 보고관리 및 성능개선(그린리모델링 및 성성) | 240,000 | 건축정책과 | 2 | 8 | 7 | 8 | 7 | 5 | 5 | 4 |
| 237 | 국토교통부 | 공공건축물 피로관리 시스템 구축 및 유지관리(항공안전체계 구축 및 관리) | 268,000 | 녹색건축과 | 2 | 7 | 5 | 1 | 7 | 5 | 5 | 1 |
| | 국토교통부 | 공간사 피로관리 시스템 구축 및 유지관리(항공안전체계 구축 및 관리) | 165,000 | 항공교통과 | 1 | 1 | 1 | 1 | 2 | 1 | 1 | 2 |

| 순번 | 기관명 | 지출명 (사업명) | 2024년 예산 (단위:천원/1건간) | 담당부서 | 민간위탁 분류 (2023년 예산및기금운용계획집행지침 의거) 1.관리위탁(210-15호) 2.민간위탁사업(320-02호) 3.법정민간대행사업(320-08호) | 민간위탁 근거 1.법률에 규정 2.국고보조재원(국가지정) 3.용도 지정 기부금 4.시행규칙 및 훈령 규정 5.국가가 관장해야 하는 공공기관 6.국가 정책 및 재정사정 7.기타 8.해당없음 | 계약체결방식 (경쟁형태) 1.일반경쟁 2.제한경쟁 3.지명경쟁 4.수의계약 5.경쟁입찰 6.기타 7.해당없음 | 입찰방식 계약기간 1.1년 2.2년 3.3년 4.4년 5.5년 6.기타(1년 7.단가계약 (1년미만) 8.해당없음 | 낙찰자선정방법 1.적격심사 2.협상의한계약 3.최저가낙찰 4.규격가격분리 5.수의계약 6.기타() 7.해당없음 | 운영예산 선정 운영예산 선정 1.내부산정(부처 자체로 산정) 2.외부산정(외부전문기관에서 산정) 3.내외부 모두 산정 4.신청額 5.해당없음 | 정산방식 1.내부정산(부서 내부로정산) 2.외부정산(외부전문기관에서 정산) 3.내외부 모두 산정 4.정산無 5.해당없음 | 성과평가 실시여부 1.실시 2.미실시 3.향후 추진 4.해당없음 |
|---|---|---|---|---|---|---|---|---|---|---|---|---|
| 238 | 국토교통부 | 관제탑 시뮬레이터 유지관리(항공안전체계구축 및 유지관리) | 277,000 | 항공교통과 | 1 | 6 | 1 | 1 | 2 | 1 | 1 | 2 |
| 239 | 국토교통부 | 교량IoT계측시스템 운영관리용역 | 1,200,000 | 도로시설안전과 | 2 | 7 | 7 | 8 | 7 | 5 | 5 | 4 |
| 240 | 국토교통부 | 교통물류체계 지속 가능성 조사 평가(교통정책총괄) | 142,000 | 교통정책총괄과 | 2 | 1 | 7 | 8 | 7 | 5 | 5 | 4 |
| 241 | 국토교통부 | 교통안전정보관리시스템(교통정보시스템구축및 운영(정보화)) | 1,193,000 | 교통안전정책과 | 2 | 1 | 7 | 8 | 7 | 5 | 5 | 4 |
| 242 | 국토교통부 | 교통안전특별실태조사(교통사고예방지원) | 600,000 | 교통안전정책과 | 2 | 1 | 7 | 8 | 7 | 5 | 5 | 4 |
| 243 | 국토교통부 | 교통영향평가 위탁사업지원(교통정책총괄) | 92,000 | 생활교통복지과 | 2 | 1 | 7 | 8 | 7 | 5 | 5 | 4 |
| 244 | 국토교통부 | 교통영향평가자료 DBA시스템(교통정보시스템구축운영및(정보화)) | 84,000 | 생활교통복지과 | 2 | 1 | 7 | 8 | 7 | 5 | 5 | 4 |
| 245 | 국토교통부 | 교통영향평가정보지원시스템 운영 및 유지보수(교통정보시스템구축및운영(정보화)) | 714,000 | 생활교통복지과 | 2 | 1 | 7 | 8 | 7 | 5 | 5 | 4 |
| 246 | 국토교통부 | 교통카드 빅데이터 통합정보시스템구축및운영(정보화) | 92,000 | 교통정책총괄과 | 2 | 1 | 7 | 8 | 7 | 5 | 5 | 4 |
| 247 | 국토교통부 | 교통투자평가 위탁사업 지원(교통정책총괄) | 2,231,000 | 녹색도시과 | 2 | 1 | 5 | 1 | 1 | 1 | 1 | 1 |
| 248 | 국토교통부 | 국가 건물에너지 통합관리시스템 건물에너지 통합관리지센터 | 3,995,000 | 국가공간정보센터 | 2 | 4 | 7 | 8 | 7 | 5 | 5 | 4 |
| 249 | 국토교통부 | 국가간정보통합플랫폼(국가간정보공동홀용체계 구축 및 운영) | 224,000 | 교통정책총괄과 | 2 | 1 | 7 | 8 | 7 | 5 | 5 | 4 |
| 250 | 국토교통부 | 국가교통DBA시스템 운영 및 유지보수(교통정보시스템구축및운영(정보화)) | 5,000,000 | 디지털도로팀 | 2 | 1 | 7 | 8 | 7 | 5 | 5 | 4 |
| 251 | 국토교통부 | 국가교통정보센터 운영관리업무위탁 | 800,000 | 모빌리티총괄과 | 3 | 1 | 7 | 8 | 7 | 5 | 5 | 4 |
| 252 | 국토교통부 | 국가대중교통조정보센터 위탁운영(대중교통활성화) | 420,000 | 점단물류과 | 2 | 1 | 4 | 1 | 6 | 1 | 1 | 1 |
| 253 | 국토교통부 | 국가물류통합정보센터 이용료감면(국가간물류정보이연계비지원) | 12,275,000 | 디지털도로팀 | 1 | 1 | 7 | 8 | 7 | 5 | 5 | 4 |
| 254 | 국토교통부 | 국토ITS구축업무위탁 | 12,086,000 | 자동차운영보험과 | 2 | 1 | 7 | 5 | 7 | 1 | 2 | 4 |
| 255 | 국토교통부 | 국토교통제활병원(국토교통제활병) | 14,000 | 시설안전과 | 3 | 1 | 5 | 5 | 7 | 1 | 1 | 3 |
| 256 | 국토교통부 | 국토유산 유지관리 비용(개발부담금 정수 및 관리) | 491,000 | 토지정책과 | 1 | 7 | 7 | 8 | 2 | 1 | 1 | 1 |
| 257 | 국토교통부 | 국토관리(국유재산실태조사) | 27,265,000 | 운영지원과 | 1 | 1 | 7 | 8 | 7 | 5 | 5 | 4 |
| 258 | 국토교통부 | 국토교통 국제개발협력사업 운영지원(국제개발협력사업지(ODA)) | 292,000 | 해외건설지원과 | 3 | 1 | 7 | 8 | 7 | 3 | 5 | 4 |
| 259 | 국토교통부 | 국토모니터링체계 구축운영(국토정책화) | 4,155,000 | 국토정책과 | 3 | 1 | 4 | 1 | 6 | 1 | 1 | 1 |
| 260 | 국토교통부 | 국토모빔정정보센터 이용정보관리(국토정보화) | 2,250,000 | 도시정책과 | 2 | 1 | 7 | 8 | 7 | 5 | 5 | 4 |
| 261 | 국토교통부 | 기계설비산업정보망운영(기계설비산업연활전지원) | 347,000 | 건설산업과 | 1 | 1 | 7 | 1 | 2 | 1 | 1 | 1 |
| 262 | 국토교통부 | 기금운영비(기금운영비) | 182,000 | 자동차운영보험과 | 2 | 1 | 5 | 8 | 7 | 1 | 2 | 4 |
| 263 | 국토교통부 | 기반시설통합관리체계 구축(위탁운영)(기반시설통합관리시스템구축지원) | 216,000 | 시설안전과 | 2 | 1 | 7 | 8 | 7 | 5 | 5 | 4 |
| 264 | 국토교통부 | 기반시설유지보수(기반유지보수지원(기반시설통합관리시스템구축운영(정보화)) | 15,440,000 | 시설안전과 | 1 | 1 | 7 | 8 | 7 | 5 | 5 | 4 |
| 265 | 국토교통부 | 도로관리시스템 | 1,000,000 | 도로관리팀 | 2 | 1 | 7 | 8 | 7 | 5 | 5 | 4 |
| 266 | 국토교통부 | 도로행시행별석시스템 운영관리(도로교통사고예방지원) | 1,423,000 | 도심항공교통정책과 | 3 | 1 | 7 | 1 | 6 | 5 | 5 | 4 |
| 267 | 국토교통부 | 도로임시행허차운영 | 73,000 | 점단물류과 | 2 | 1 | 4 | 1 | 7 | 1 | 1 | 4 |
| 268 | 국토교통부 | 도로 안전 및 활성화 구축 | 330,000 | 점단물류과 | 2 | 1 | 4 | 8 | 2 | 5 | 5 | 4 |
| 269 | 국토교통부 | 디지털도로당 구축 | 23,085,000 | 점단물류과 | 2 | 1 | 7 | 8 | 7 | 5 | 5 | 4 |
| 270 | 국토교통부 | 디지털관리시스템 | 5,500,000 | 디지털도로팀 | 2 | 1 | 7 | 8 | 7 | 5 | 5 | 4 |
| 271 | 국토교통부 | 디지털행시스템 운영관리(교통사고예방지원) | 2,100,000 | 교통안전정책과 | 3 | 1 | 7 | 8 | 7 | 5 | 5 | 4 |
| 272 | 국토교통부 | 리츠정보시스템 운영관리사업(국토정책사업자원사지원) | 789,000 | 부동산투자제도과 | 2 | 1 | 4 | 1 | 6 | 3 | 1 | 1 |
| 273 | 국토교통부 | 물류정책과(전정물류지원) | 73,000 | 물류정책과 | 2 | 1 | 4 | 1 | 7 | 5 | 1 | 4 |
| 274 | 국토교통부 | 물류분야유지연계센터(전정물류지원) | 2,200,000 | 도로투자지원과 | 2 | 4 | 7 | 8 | 7 | 5 | 5 | 4 |
| 275 | 국토교통부 | 민자철도관리지원센터(민자철도운영지원) | 2,200,000 | 철도투자개발과 | 2 | 1 | 5 | 8 | 6 | 3 | 3 | 4 |
| 276 | 국토교통부 | 방치건축물정비사업(건축안전) | 896,000 | 건축정책과 | 2 | 1,2 | 5 | 1 | 2 | 1 | 1 | 3 |
| 277 | 국토교통부 | 보안감사 전문기관 및 인사지역 운영(국토공간건정보체계지) | 430,000 | 국토정보정책과 | 2 | 1 | 4 | 1 | 7 | 1 | 1 | 1 |

| 순번 | 기관명 | 사업명(사업명) | 2024년 예산(단위:천원/1년간) | 담당부서 | 민간위탁 분류 (2023년 예산기금운용계획집행지침에 의거) 1.관리위탁(210-15목) 2.민간위탁사업비(320-02목) 3.법정민간대행사업(320-08목) | 민간위탁 근거 1.법률의 규정 2.국고보조 재원(국가지원) 3.용도 지정 기부금 4.시행규칙 및 훈령 규정 5.국가가 경영하는 사업은 하는 공공기관 6.국가 참여 및 지정사항 7.기타 8.해당없음 | 계약체결방법 (경쟁형태) 1.일반경쟁 2.제한경쟁 3.지명경쟁 4.수의계약 5.법정위탁 6.기타() 7.해당없음 | 입찰방식 계약기간 1.1년 2.2년 3.3년 4.4년 5.5년 6.기타()(1년미만) 7.단기계약(1년미만) 8.해당없음 | 낙찰자선정방법 1.적격심사 2.협상에의한계약 3.최저가낙찰 4.규격가격분리 5.2단계 경쟁입찰 6.기타() 7.해당없음 | 운영예산 산정 운영예산 산정 1.내부산정(부서 자체적으로 산정) 2.외부산정(외부전문기관에 산정) 3.내외부 모두 산정 4.신청률 5.해당없음 | 정산방법 1.내부정산(부서 내부적으로 정산) 2.외부정산(외부전문기관에서 정산) 3.내외부 모두 산정 4.정산률 5.해당없음 | 성과평가 실시여부 1.실시 2.미실시 3.향후 추진 4.해당없음 |
|---|---|---|---|---|---|---|---|---|---|---|---|---|
| 278 | 국토교통부 | 부동산거래관리시스템운영(부동산종합정보시스템운영(정보화)) | 2,956,000 | 부동산소비자보호기획단 | 2 | 1 | 5 | 1 | 2 | 1 | 1 | 4 |
| 279 | 국토교통부 | 부동산거래전자계약시스템 운영(부동산종합정보시스템운영(정보화)) | 1,709,000 | 부동산개발산업과 | 2 | 1 | 7 | 8 | 7 | 5 | 5 | 4 |
| 280 | 국토교통부 | 부동산조세서(공동주택달)평가지수생성) | 1,038,000 | 주택정책과 | 2 | 1 | 7 | 8 | 7 | 5 | 5 | 4 |
| 281 | 국토교통부 | 부동산거래서(부동산거래정보관리시스템고도화) | 1,500,000 | 부동산소비자보호기획단 | 2 | 1 | 7 | 8 | 7 | 5 | 5 | 4 |
| 282 | 국토교통부 | 부동산거래서(부동산거래중개대상물표보공시모니터링) | 1,840,000 | 부동산소비자보호기획단 | 2 | 1 | 7 | 8 | 7 | 5 | 5 | 4 |
| 283 | 국토교통부 | 부동산공시가격 산정시스템 운영관리 위탁(부동산공시가격 산정시스템 운영관리 위탁) | 11,248,000 | 부동산소비자보호기획단 | 2 | 1 | 7 | 8 | 7 | 5 | 5 | 4 |
| 284 | 국토교통부 | 부동산공시가격 산정시스템 운영관리 위탁(부동산서비스산업 창업지원) | 1,415,000 | 부동산평가과 | 2 | | 7 | 8 | 7 | 5 | 5 | 4 |
| 285 | 국토교통부 | 부동산서비스산업 육성(부동산서비스산업 육성) | 140,000 | 토지정책과 | 2 | 1 | 7 | 8 | 7 | 5 | 5 | 4 |
| 286 | 국토교통부 | 부동산서비스산업 육성(부동산서비스산업 통계조사) | 516,000 | 토지정책과 | 2 | 1 | 7 | 8 | 7 | 5 | 5 | 4 |
| 287 | 국토교통부 | 부동산서비스산업 육성(우수 부동산서비스사업자 인증) | 404,000 | 토지정책과 | 3 | 1 | 4 | 7 | 6 | 5 | 1 | 4 |
| 288 | 국토교통부 | 부동산종합정보시스템 운영(정보화)(2024년 개발제한구역 관리전산시스템 개선 및 관리) | 502,000 | 녹색도시과 | 2 | 1 | 7 | 8 | 7 | 5 | 5 | 4 |
| 289 | 국토교통부 | 부동산종합정보시스템 운영(정보화)(부동산거래전자계약시스템 운영) | 2,956,000 | 부동산소비자보호기획단 | 2 | 1 | 7 | 8 | 7 | 5 | 5 | 4 |
| 290 | 국토교통부 | 부동산종합정보시스템 운영(정보화)(부동산개발정보시스템) | 1,709,000 | 부동산개발산업과 | 2 | 1 | 7 | 8 | 7 | 5 | 5 | 4 |
| 291 | 국토교통부 | 부동산종합정보시스템 운영(정보화)(재정결제시스템 운영) | 790,000 | 중앙토지수용위원회 | 2 | 1 | 7 | 8 | 2 | 5 | 5 | 4 |
| 292 | 국토교통부 | 부동산평가서 운영관리 위탁(부동산종합정보시스템 유지보수) | 1,322,000 | 부동산평가과 | 2 | 1 | 7 | 8 | 7 | 5 | 5 | 4 |
| 293 | 국토교통부 | 부동산투자회사 관리(감독위탁(토지생활센터기운영)) | 2,137,000 | 부동산투자도과 | 3 | 1 | 7 | 8 | 7 | 5 | 5 | 4 |
| 294 | 국토교통부 | 공간정보 운영보람화(토지생활정보화지원) | 6,652,000 | 공간정보제과 | 2 | 1 | 5 | 8 | 7 | 5 | 2 | 1 |
| 295 | 국토교통부 | 생활물류서비스산업육성지원(용기) | 1,119,000 | 자동차보명과 | 3 | 1 | 4 | 1 | 6 | 1 | 1 | 4 |
| 296 | 국토교통부 | 소화물배송대행서비스사업자인증자원리스 | 150,000 | 생활물류정책과 | 2 | 1 | 4 | 8 | 7 | 5 | 5 | 4 |
| 297 | 국토교통부 | 스마트주차정보서비스 구축(스마트주차정보시스템 구축) | 193,000 | 생활물류복지과 | 2 | 1 | 7 | 8 | 7 | 5 | 5 | 4 |
| 298 | 국토교통부 | 시범운행지구 운영성과평가(자율주행분야실증사업) | 270,000 | 자율주행정책과 | 2 | 2 | 4 | 7 | 6 | 1 | 1 | 4 |
| 299 | 국토교통부 | 시설물통합정보관리시스템(SOC안전정보시스템) | 1,198,000 | 시설안전과 | 3 | 1 | 5 | 1 | 7 | 5 | 1 | 2 |
| 300 | 국토교통부 | 시스템기반공인전지독시스템 운영(부동산복지기반행정안전정도시 관리지원) | 1,438,000 | 항공운항과 | 2 | 6 | 1 | 1 | 2 | 1 | 1 | 4 |
| 301 | 국토교통부 | 사회방조 관리지원(사회방조과) | 1,900,000 | 수도권전철과 | 1 | 1 | 4 | 8 | 7 | 5 | 5 | 4 |
| 302 | 국토교통부 | 신비행정기업민중지원(도심항공교통 연출성화지원) | 730,000 | 도심항공교통정책과 | 2 | 1 | 7 | 8 | 7 | 5 | 5 | 4 |
| 303 | 국토교통부 | 실증 사업관리 및 운영(생활물류센터) | 300,000 | 물류정책과 | 2 | 1 | 1 | 1 | 6 | 1 | 1 | 1 |
| 304 | 국토교통부 | 엘로퍼스트마일서비스리스 | 877,000 | 광역교통정책과 | 2 | 4 | 4 | 7 | 7 | 5 | 2 | 4 |
| 305 | 국토교통부 | 에코드라이브 활성화(교통정책용연구) | 336,000 | 교통정책총괄과 | 2 | 1 | 7 | 8 | 6 | 5 | 5 | 4 |
| 306 | 국토교통부 | 우수물류기업인증제(물류산업진흥) | 520,000 | 물류정책과 | 3 | 2 | 4 | 1 | 2 | 1 | 1 | 1 |
| 307 | 국토교통부 | 우수물류신기술제도운영(물류산업진흥) | 110,000 | 첨단물류과 | 2 | 1 | 4 | 5 | 7 | 5 | 5 | 2 |
| 308 | 국토교통부 | 운전자격시스템 구축 및 운영 | 826,000 | 모빌리티총괄과 | 2 | 1 | 7 | 8 | 7 | 5 | 5 | 4 |
| 309 | 국토교통부 | 운영제한 위반차량 과태료 부과관리 운영(국가기반교통정보정책체계 관리지원) | 1,200,000 | 도로시설안전과 | 1 | 8 | 7 | 1 | 2 | 1 | 1 | 4 |
| 310 | 국토교통부 | 위탁물관리중앙전산원센터 운영(유가보조금통합관리시스템 구축 및 운영(정보화)) | 2,142,000 | 점단물류과 | 3 | 1 | 4 | 8 | 6 | 5 | 5 | 4 |
| 311 | 국토교통부 | 유가조금관리시스템운영(정보화) | 312,000 | 교통서비스정책과 | 2 | 1 | 7 | 8 | 7 | 5 | 5 | 4 |
| 312 | 국토교통부 | 의무보험신성(의무보험신성) | 2,241,000 | 자동차운영보험과 | 3 | 4 | 5 | 1 | 6 | 1 | 2 | 1 |
| 313 | 국토교통부 | 인증기관운영(스마트물류지원리스) | 450,000 | 첨단물류과 | 3 | 1 | 4 | 1 | 2 | 1 | 1 | 2 |
| 314 | 국토교통부 | 인천공항 어린이집 위탁운영 | 1,560,000 | 서울공항 운영지원팀 | 2 | 2 | 1 | 5 | 2 | 5 | 1 | 2 |
| 315 | 국토교통부 | 임대자택정책위원회 운영(임대자택정책조정위원회 운영) | 7,326,000 | 주택임대차기획팀 | 3 | 1 | 7 | 8 | 7 | 5 | 5 | 4 |
| 316 | 국토교통부 | 자동차해체산업원(자동차해체재활용사진원) | 781,000 | 자동차운영보험과 | 2 | 7 | 5 | 8 | 7 | 5 | 2 | 4 |
| 317 | 국토교통부 | 자동차산업원(자동차산업운영(정보화)) | 14,334,000 | 자동차운영보험과 | 2 | 1 | 7 | 8 | 7 | 5 | 5 | 4 |

| 순번 | 기관명 | 사업명(사업명) | 2024년 예산(단위:천원/1년간) | 담당부서 | 민간위탁 분류 (2023년 예산및기금운용계획집행지침에 의거) 1.관리위탁(210-15목) 2.민간위탁사업(320-02목) 3.법정민간대행사업(320-08목) | 민간위탁 근거 1.법률에 규정 2.국고보조 재원(국가지침) 3.용도 지정 기부금 4.시행규칙 및 훈령 규정 5.국가가 공공복지 하는 공공기관 6.기타 7.예외없음 8.해당없음 | 계약제결방식 1.일반경쟁 2.제한경쟁 3.지명경쟁 4.수의계약 5.법정위탁 6.기타( ) 7.해당없음 | 입찰방식 계약기간 1.1년 2.2년 3.3년 4.4년 5.5년 6.기타(1년) 7.단기계약(1년이하) 8.해당없음 | 낙찰자선정방법 1.적격심사 2.협상에의한계약 3.최저가낙찰제 4.규격가격분리 5.기타( ) 6.기타( ) 7.해당없음 | 운영예산 산정 1.내부산정(부서 자체적으로 산정) 2.외부산정 3.내부전문가위원회선정 4.산정출 5.해당없음 | 정산방법 1.내부정산(부서 내부적으로 정산) 2.외부정산(외부전문기관위탁정산) 3.내부전문가위원회정산 4.내외부 모두 산정 5.해당없음 | 성과평가 실시여부 1.실시 2.미실시 3.향후 추진 4.해당없음 |
|---|---|---|---|---|---|---|---|---|---|---|---|---|
| 318 | 국토교통부 | 자산운용전문인력 DB구축(2023년 자산운용 전문인력 관리 업무 및 DB 구축) | 10,000 | 부동산투자제도과 | 3 | 1 | 7 | 8 | 7 | 5 | 5 | 4 |
| 319 | 국토교통부 | 체결점보시스템 운영(부동산종합점보시스템 운영(정보화) | 790,000 | 중앙토지수용위원회 | 2 | 1 | 7 | 8 | 7 | 5 | 5 | 4 |
| 320 | 국토교통부 | 적재중량 위반차량 제보시스템 유지관리 용역 | 300,000 | 도로운영과 | 1 | 8 | 7 | 8 | 7 | 1 | 2 | 4 |
| 321 | 국토교통부 | 정부포장사업(경부포장사) | 20,596,000 | 자동차운영보험과 | 2 | 1 | 5 | 8 | 7 | 5 | 5 | 4 |
| 322 | 국토교통부 | 정비사업체업무수행(정비사업관리업무수행) | 2,200,000 | 주택정비과 | 3 | 1 | 7 | 8 | 7 | 1 | 2 | 4 |
| 323 | 국토교통부 | 제한차량 인터넷 운행허가 유지관리 용역 | 600,000 | 도로시설안전과 | 1 | 8 | 7 | 8 | 7 | 5 | 5 | 4 |
| 324 | 국토교통부 | 주거급여지원 | 1,833,000 | 주거복지지원과 | 2 | 1 | 7 | 8 | 7 | 5 | 5 | 4 |
| 325 | 국토교통부 | 주택가격표표 업무 위탁(주택(주거전세가격비 작성 위탁) | 600,000 | 부동산평가과 | 2 | 1 | 7 | 8 | 7 | 5 | 5 | 4 |
| 326 | 국토교통부 | 주택맞춤주거조사(외국인주택보유조사) | 400,000 | 주택정책과 | 2 | 1 | 7 | 8 | 7 | 5 | 5 | 4 |
| 327 | 국토교통부 | 주택기금과 | 377,000 | 주택기금과 | 1 | 1 | 7 | 8 | 7 | 5 | 5 | 4 |
| 328 | 국토교통부 | 주택행정점보시스템관리(주택행정점보시스템(정보화)) | 723,000 | 주택건설공급과 | 2 | 1 | 5 | 8 | 7 | 5 | 5 | 4 |
| 329 | 국토교통부 | 주택행정점보시스템용역(주택행정점보시스템(정보화)) | 1,700,000 | 주택건설공급과 | 1 | 1 | 7 | 8 | 7 | 5 | 5 | 4 |
| 330 | 국토교통부 | 주택행정체계운영위탁(주택행정체서시설물운영) | 1,100,000 | 주택정비과 | 2 | 1 | 7 | 8 | 7 | 5 | 5 | 4 |
| 331 | 국토교통부 | 주택행정위탁조사(주택행정조사기획) | 1,453,000 | 주택정비과 | 2 | 1 | 7 | 8 | 2 | 1 | 1 | 4 |
| 332 | 국토교통부 | 지도프라 등 유지관리수수(국지리정원관리(정보화)) | 1,079,000 | 국토지리정보원국토조사과 | 1 | 7 | 2 | 1 | 2 | 5 | 5 | 4 |
| 333 | 국토교통부 | 지적재조사(지적재조사) | 999,000 | 기획단 | 2 | 1 | 7 | 8 | 7 | 5 | 5 | 1 |
| 334 | 국토교통부 | 지하시설물 전산화(지하정보통합체계 운영) | 1,169,000 | 공간정보진흥과 | 2 | 1 | 4 | 1 | 2 | 1 | 1 | 1 |
| 335 | 국토교통부 | 지하시설물 전산화(지하정보활용지원센터 운영) | 374,000 | 공간정보진흥과 | 2 | 1 | 4 | 1 | 2 | 1 | 1 | 2 |
| 336 | 국토교통부 | 지하안전정보시스템(SOC안전정보시스템 전산화) | 689,000 | 건설안전과 | 2 | 1 | 4 | 1 | 2 | 1 | 1 | 1 |
| 337 | 국토교통부 | 지하정보점검체계 운영(지하시설물 전산화) | 1,169,000 | 공간정보진흥과 | 2 | 1 | 7 | 8 | 7 | 5 | 5 | 4 |
| 338 | 국토교통부 | 지하정보점검체계 운영(지하시설물 보점화) | 374,000 | 공간정보진흥과 | 2 | 1 | 4 | 8 | 7 | 1 | 1 | 4 |
| 339 | 국토교통부 | 장업자센터운영(국토교통 보점책지) | 150,000 | 공간정보진흥과 | 2 | 1 | 7 | 8 | 7 | 5 | 5 | 4 |
| 340 | 국토교통부 | 철도 차량용 인증제 운영위탁(철도차량관리제도운영) | 1,400,000 | 철도운행안전과 | 2 | 1 | 4 | 7 | 7 | 1 | 1 | 4 |
| 341 | 국토교통부 | 철도 표준규격관리 위탁(철도안전점검체계관리제도운영) | 1,000,000 | 철도운행안전과 | 2 | 1 | 4 | 7 | 7 | 1 | 1 | 4 |
| 342 | 국토교통부 | 토지가격표표 작성업무 위탁(토지가격표표 작성 위탁) | 45,355 | 부동산평가과 | 2 | 4 | 5 | 1 | 2 | 1 | 1 | 1 |
| 343 | 국토교통부 | 통계작리(국토교통행정점보통합체계) | 900,000 | 부동산평가과 | 2 | 1 | 7 | 8 | 7 | 5 | 5 | 4 |
| 344 | 국토교통부 | 통합빌체교통점보운영(빌체정보체계담당관) | 185,000 | 정보화계담당관 | 1 | 8 | 2 | 8 | 2 | 1 | 2 | 2 |
| 345 | 국토교통부 | 통합빌체교통점보운영(빌체정보체계담당관) | 473,000 | 정보화계담당관 | 1 | 8 | 2 | 1 | 2 | 1 | 1 | 2 |
| 346 | 국토교통부 | 특수교 하리점검 | 14,000,000 | 도로시설안전과 | 2 | 1 | 7 | 8 | 7 | 5 | 5 | 4 |
| 347 | 국토교통부 | 표준주택가격 조사·평가 업무위탁(표준주택가격 조사·평가 부대업무 위탁) | 908,000 | 부동산평가과 | 2 | 1 | 7 | 8 | 7 | 5 | 5 | 4 |
| 348 | 국토교통부 | 표준공시지가 조사·평가 부대업무 위탁(표준지공시지가 조사·평가 부대업무 위탁) | 1,443,000 | 부동산평가과 | 2 | 1 | 4 | 1 | 2 | 5 | 5 | 4 |
| 349 | 국토교통부 | 품질검사 건설재니어링사업자 평가업무수행(건설공사품질시험) | 551,000 | 건설안전과 | 3 | 1 | 7 | 8 | 7 | 5 | 5 | 4 |
| 350 | 국토교통부 | 피해지원(피해자지원) | 21,775,000 | 자동차운영보험과 | 2 | 1 | 5 | 8 | 7 | 5 | 5 | 4 |
| 351 | 국토교통부 | 하자심사분쟁조정위원회 업무위탁(하자심사분쟁조정위원회 업무위탁) | 2,581,412 | 주택건설공급과 | 2 | 1 | 7 | 8 | 7 | 1 | 2 | 4 |
| 352 | 국토교통부 | 항공교통안전 국제업무 지원(항공안전체계구축 및 유지관리) | 100,000 | 항공교통과 | 2 | 1 | 5 | 1 | 1 | 5 | 5 | 4 |
| 353 | 국토교통부 | 항공장애표시등 안전관리(항공안전표시등관리) | 837 | 공항안전환경과 | 2 | 1 | 4 | 1 | 1 | 1 | 1 | 2 |
| 354 | 국토교통부 | 항공인전시설운영및구축(항공위성서비스(KASS) 관리운영 사업) | 5,148,000 | 항공위성정책과 | 2 | 1 | 7 | 8 | 7 | 5 | 5 | 4 |
| 355 | 국토교통부 | 해외건설산업보지원 | 589 | 해외건설정책과 | 2 | 1 | 4 | 1 | 2 | 1 | 1 | 1 |
| 356 | 국토교통부 | 해외인프라정책개척 | 26,812,000 | 해외건설정책과 | 2 | 1 | 7 | 8 | 7 | 5 | 5 | 4 |
| 357 | 국토교통부 | 해외철도수주지원(철도산업업진지원) | 2,240,000 | 철도정책과 | 2 | 1 | 2 | 3 | 2 | 1 | 1 | 3 |

| 순번 | 기관명 | 지출명 (사업명) | 2024년 예산 (단위:천원/1년간) | 담당부서 | 민간위탁 분류 (2023년 예산및기금운용계획집행지침의거) 1. 관리위탁비 (210-15목) 2. 민간위탁사업비 (320-02목) 3. 법정민간대행사업비 (320-08목) | 민간위탁 제출 근거 1. 법률에 규정 2. 국고보조사업(국가지원) 3. 용도 지정 기부금 4. 국가규제 및 운영 규정 5. 국가가 공공하는 사업을 하는 공공기관 6. 국가 정책 및 계획사항 7. 기타 8. 해당없음 | 계약체결방법(경쟁방식) 1. 일반경쟁 2. 제한경쟁 3. 지명경쟁 4. 수의계약 5. 입찰 6. 기타() 7. 해당없음 | 입찰방식 계약기간 1.1년 2.2년 3.3년 4.4년 5.5년 6.기타(1년) 7. 단기계약 8. 해당없음 | 낙찰자선정방식 1. 최저가 2. 협상에의한계약 3. 최적가낙찰 4. 국가가경쟁 5. 2단계 경쟁입찰 6. 기타() 7. 해당없음 | 운영예산 선정 1. 내부선정 (부서 자체적으로 선정) 2. 외부선정 (외부전문가에서 선정) 3. 내외부 모두 선정 4. 선정後 5. 해당없음 | 정산방식 1. 내부정산 (부서 내부적으로 정산) 2. 외부정산 3. 내외부 모두 정산 4. 정산後 5. 해당없음 | 성과평가 실시여부 1. 실시 2. 미실시 3. 향후 추진 4. 해당없음 |
|---|---|---|---|---|---|---|---|---|---|---|---|---|
| 358 | 국토교통부 | 홈페이지 구축(국토교통행정정보보시스템 구축(정보화)) | 394,000 | 뉴미디어홍보팀 | 1 | 8 | 1 | 2 | 2 | 1 | 1 | 1 |
| 359 | 국토교통부 | 화물운송실태관리시스템 위탁운영(국가물류통합정보체계 구축 및 운영(정보화)) | 400,000 | 물류산업과 | 2 | 1 | 4 | 1 | 6 | 1 | 1 | 2 |
| 360 | 국토교통부 | 드론 종합인프라 구축 및 운영 | 7,464,000 | 첨단항공과 | 2 | 1 | 4 | 1 | 2 | 1 | 1 | 3 |
| 361 | 국토교통부 | 공공분야 드론 조종인력 양성 | 2,720,000 | 첨단항공과 | 2 | 1 | 4 | 1 | 2 | 1 | 1 | 3 |
| 362 | 국토교통부 | K-드론지원센터 구축 | 600,000 | 첨단항공과 | 2 | 1 | 7 | 8 | 2 | 5 | 5 | 4 |
| 363 | 금융위원회 | 24년도 금융위 정보시스템 유지보수 용역 | 792,000 | 규제개혁법무담당관실 의사운영정보팀 | 1 | 1 | 2 | 1 | 2 | 1 | 1 | 1 |
| 364 | 금융위원회 | 금융규제혁예석포털 유지보수 | 40,000 | 규제개혁법무담당관 | 1 | 7 | 4 | 1 | 2 | 1 | 1 | 4 |
| 365 | 금융위원회 | 2024년도 디지털포렌식 유지보수 | 80,000 | 자본시장조사총괄과 | 1 | 7 | 4 | 8 | 7 | 5 | 5 | 4 |
| 366 | 금융위원회 | 불공정거래조사시스템 유지보수 | 142,000 | 자본시장조사총괄과 | 1 | 7 | 7 | 1 | 7 | 5 | 1 | 4 |
| 367 | 금융위원회 | 2024년 금융표준중앙정보시스템 유지보수 | 956,000 | 금융공공데이터팀 | 1 | 1 | 2 | 1 | 2 | 1 | 1 | 4 |
| 368 | 금융위원회 | 대표 홈페이지 운영 및 유지보수 | 117 | 대변인실 | 1 | 7 | 1 | 1 | 1 | 1 | 1 | 4 |
| 369 | 금융위원회 | 2024년도 공적자금관리위원회 홈페이지 유지보수 | 800 | 구조개선정책과 | 1 | 7 | 4 | 1 | 7 | 1 | 4 | 4 |
| 370 | 금융위원회 | FIU전산망구축운영(정보화) | 3,796,322 | 기획행정실 | 1 | 1 | 1 | 3 | 1 | 5 | 1 | 4 |
| 371 | 기상청 | 국제기구맞춤국기상협력 | 201 | 국제협력담당관 | 3 | 8 | 7 | 8 | 7 | 5 | 5 | 4 |
| 372 | 기상청 | 지상·고층 기상관측장비 확충 및 운영 | 28,929 | 관측정책과 | 3 | 8 | 7 | 8 | 7 | 5 | 5 | 4 |
| 373 | 기상청 | 지진관측장비 확충 및 운영 | 710 | 지진화산기술팀 | 3 | 8 | 7 | 8 | 7 | 5 | 5 | 4 |
| 374 | 기상청 | 해양기상관측장비 확충 및 운영 | 15,340 | 관측정책과 | 3 | 8 | 7 | 8 | 7 | 5 | 5 | 4 |
| 375 | 기상청 | 개도국 기상기후 수행기반 구축·운영 지원(ODA) | 4,219 | 국제협력담당관 | 3 | 1 | 5 | 6 | 7 | 5 | 5 | 4 |
| 376 | 기상청 | 기상측성 진조 및 운영 | 165 | 국립기상과학원 관측연구부 | 3 | 8 | 1 | 1 | 2 | 1 | 1 | 4 |
| 377 | 기상청 | 지역 기후정보 생산 및 활용 | 2,578 | 기후행정서비스과 | 3 | 8 | 5 | 1 | 7 | 5 | 3 | 2 |
| 378 | 기상청 | 해양기상가치 구축 및 활용 | 1,878 | 관측정책과 | 3 | 8 | 1 | 1 | 3 | 5 | 5 | 4 |
| 379 | 기상청 | 기상지진장비 인증센터 구축 및 운영 | 627 | 계측표준협과 | 3 | 8 | 5 | 8 | 7 | 5 | 5 | 4 |
| 380 | 기상청 | 생활기상정보 통합관리 운영 및 유지관리 | 215 | 기상융합서비스과 | 3 | 8 | 7 | 8 | 7 | 5 | 5 | 4 |
| 381 | 기획재정부 | 지식협력단조사 | 2,815,000 | 경제협력기획과 | 2 | 1 | 5 | 1 | 7 | 5 | 1 | 4 |
| 382 | 기획재정부 | 경제교육지원 | 5,274,000 | 경제협력지원팀 | 2 | 1 | 1 | 1 | 2 | 1 | 1 | 1 |
| 383 | 문화재청 | 문화유산 산업인덕 지원 | 1,403,000 | 정책총괄과 | 2 | 1 | 5 | 1 | 7 | 1 | 3 | 2 |
| 384 | 문화재청 | 구 서울역사 시설관리 | 91,400 | 정책총괄과 | 1 | 1 | 1 | 1 | 3 | 1 | 3 | 4 |
| 385 | 문화재청 | 관리위탁 국가재산 시설관리 | 150,000 | 정책총괄과 | 2 | 1 | 5 | 8 | 7 | 5 | 5 | 4 |
| 386 | 문화재청 | 무형문화재보호 | 2,460,000 | 무형유산서비스과 | 2 | 1 | 7 | 8 | 7 | 1 | 2 | 4 |
| 387 | 문화재청 | 전통재료 실태조사 | 200,000 | 수리기술과 | 2 | 1 | 5 | 1 | 7 | 1 | 3 | 3 |
| 388 | 문화재청 | 문화재수리 종합정보시스템 구축 | 330,000 | 수리기술과 | 3 | 1 | 5 | 1 | 7 | 5 | 3 | 4 |
| 389 | 문화재청 | 전통건축수리기술진흥재단 운영 | 6,170,000 | 수리기술과 | 2 | 1 | 5 | 1 | 3 | 5 | 3 | 1 |
| 390 | 문화재청 | 국가유산수리재료센터 운영 | 700,000 | 수리기술과 | 2 | 1 | 7 | 1 | 7 | 1 | 3 | 4 |
| 391 | 문화재청 | 차세대 국가유산수리종합정보시스템 운영 및 전산유지보수 | 813,000 | 정책총괄과 | 1 | 7 | 7 | 8 | 7 | 5 | 5 | 4 |
| 392 | 문화재청 | 지방유산 데이터베이스 구축 | 500,000 | 천연기념물과 | 2 | 1 | 2 | 1 | 2 | 1 | 1 | 2 |
| 393 | 문화재청 | 복장유물 정밀학술 조사 | 300,000 | 유형문화재과 | 2 | 1 | 7 | 8 | 7 | 5 | 5 | 4 |
| 394 | 문화재청 | 장서각 소장 기록유산 DB구축 | 332,000 | 유형문화재과 | 2 | 1 | 7 | 8 | 7 | 5 | 5 | 4 |
| 395 | 문화재청 | 국외문화재환수관리 지원 | 2,195,000 | 유형문화재과 | 2 | 1 | 3 | 8 | 7 | 5 | 5 | 4 |
| 396 | 문화재청 | 근대대형 문화유산 공모전 및 학술대회 | 200,000 | 근대문화재과 | 2 | 2 | 1 | 7 | 2 | 1 | 2 | 3 |
| 397 | 문화재청 | 중요출토지료 보관연구 지원 | 200,000 | 발굴제도과 | 2 | 1 | 4 | 1 | 7 | 1 | 3 | 2 |

| 순번 | 기관명 | 지출명(사업명) | 2024년 예산(단위:천원/1년간) | 민간위탁 분류 (2023년 예산집행계획운용계획행자협력 의거) 1.관리운영비(210-15호) 2.민간위탁사업비(320-02호) 3.법정민간대행사업비(320-08호) | 민간위탁 근거 1.법률의 규정 2.국고보조 재원(국가지침) 3.용도 지정 기부금 4.시행규칙 및 운영 기부금 5.국가기관권하는 사업 6.국가 정책 및 재정사항 7.기타 8.해당없음 | 계약체결방식(경쟁행태) 1.일반경쟁 2.제한경쟁 3.지명경쟁 4.수의계약 5.혼합형태 6.기타() 7.해당없음 | 계약기간 1.1년 2.2년 3.3년 4.4년 5.5년 6.기타(1년 미만) 7.단가계약(1년이상) 8.해당없음 | 낙찰자선정방법 1.적격심사 2.협상에의한계약 3.최저가낙찰 4.규격가재심 5.2단계 경쟁입찰 6.기타() 7.해당없음 | 운영예산 산정 1.내부산정 (부서 자체적으로 산정) 2.외부산정 3.내부외부기관에 산정) 4.산정書 5.해당없음 | 정산방식 1.내부정산 (부서 내부적으로 정산) 2.외부정산 3.내부외부기관에 정산) 4.정산書 5.해당없음 | 성과평가 실시여부 1.실시 2.미실시 3.향후 추진 4.해당없음 |
|---|---|---|---|---|---|---|---|---|---|---|---|
| 398 | 문화재청 | 발굴유물 역사문화관 운영 | 2,291,000 | 2 | 1 | 4 | 1 | 7 | 1 | 3 | 2 |
| 399 | 문화재청 | 발굴유물 역사문화관 조성 | 3,155,000 | 2 | 1 | 4 | 1 | 7 | 1 | 3 | 2 |
| 400 | 문화재청 | 매장문화재 보호 조사 민간지원 | 550,000 | 2 | 1 | 4 | 1 | 7 | 1 | 3 | 2 |
| 401 | 문화재청 | 매장문화재 미정리 유물보존 및 활용 | 1,974,000 | 2 | 1 | 4 | 1 | 7 | 3 | 1 | 2 |
| 402 | 문화재청 | 소규모발굴조사 지원 | 19,168,000 | 2 | 1 | 4 | 1 | 7 | 1 | 1 | 2 |
| 403 | 문화재청 | 민간지표조사 지원 | 1,493,000 | 2 | 1 | 4 | 1 | 7 | 1 | 1 | 2 |
| 404 | 문화재청 | 매장문화재 진단조사 비용지원 | 5,000,000 | 2 | 1 | 4 | 1 | 7 | 1 | 3 | 2 |
| 405 | 문화재청 | 문화재국제협력(ODA) | 12,843,000 | 2 | 7 | 4,5 | 1 | 7 | 1 | 5 | 1 |
| 406 | 문화재청 | 국내외문화재 긴급매입 및 관리지원 | 4,000,000 | 3 | 1 | 5 | 1 | 7 | 5 | 2 | 4 |
| 407 | 문화재청 | 문화재국제교류 | 1,000,000 | 2 | 7 | 7 | 8 | 7 | 1 | 3 | 2 |
| 408 | 문화재청 | 세계유산정책화 | 200,000 | 2 | 5 | 5 | 1 | 7 | 1 | 2 | 1 |
| 409 | 문화재청 | 무형유산 관리역량 강화(유네스코무형유산보호협약 중합성과평가 기반 역량강화지원사업) | 6,716,000 | 2 | 2,5 | 7 | 1 | 7 | 1 | 2 | 2 |
| 410 | 문화재청 | 한국문화재단지원 | 6,797,000 | 2 | 5 | 5 | 1 | 7 | 1 | 2 | 1 |
| 411 | 문화재청 | 문화유산 방문캠페인 | 7,600,000 | 2 | 5 | 5 | 1 | 7 | 1 | 2 | 2 |
| 412 | 문화재청 | 문화유산 활용 프로그램 개발 운영 | 6,712,000 | 2 | 5 | 5 | 1 | 2 | 2 | 2 | 2 |
| 413 | 문화재청 | 문화유산 미디어아트 | 390,000 | 2 | 5 | 1 | 3 | 2 | 5 | 5 | 2 |
| 414 | 문화재청 | 취약계층 문화유산 관람서비스 | 300,000 | 2 | 5 | 7 | 8 | 2 | 5 | 5 | 4 |
| 415 | 문화재청 | 국가유산 광역활용 기반 구축 | 3,596,000 | 2 | 7 | 7 | 8 | 7 | 5 | 5 | 4 |
| 416 | 문화재청 | 문화유산세계 구축운영 | 6,025,000 | 2 | 1 | 7 | 8 | 7 | 1 | 1 | 4 |
| 417 | 문화재청 | 디지털문화유산콘텐츠개발팀 | 445,000 | 1 | 4 | 2 | 1 | 2 | 1 | 1 | 4 |
| 418 | 문화재청 | 문화재디지털대전환 | 40,000 | 1 | 7 | 4 | 1 | 2 | 1 | 1 | 4 |
| 419 | 문화재청 | 문화재정보종합성진관리 | 453,000 | 1 | 1 | 2 | 1 | 2 | 1 | 1 | 4 |
| 420 | 문화재청 | 문화재청 사이버안전센터 위탁운영 | 415,000 | 1 | 1 | 2 | 8 | 2 | 5 | 5 | 4 |
| 421 | 문화재청 | 문화재청 전산장비 통합유지보수 | 738,000 | 1 | 1 | 7 | 8 | 7 | 5 | 5 | 4 |
| 422 | 문화재청 | 2024년 문화재청 정보시스템 운영위탁 | 700,000 | 2 | 1 | 7 | 8 | 7 | 5 | 3 | 3 |
| 423 | 문화재청 | 동물문화재 공계지원사업 | 588,000 | 2 | 1 | 5 | 1 | 7 | 1 | 3 | 3 |
| 424 | 문화재청 | 국가무형유산 교육 운영사업 | 227,000 | 2 | 1 | 5 | 1 | 7 | 1 | 3 | 4 |
| 425 | 문화재청 | 국가무형유산 홍보정보시스템 운영 및 유지관리 | 250,000 | 1 | 6 | 1 | 1 | 7 | 1 | 1 | 4 |
| 426 | 문화재청 | 국가무형유산 취약분야 활성화사업 | 500,000 | 2 | 6 | 2 | 1 | 7 | 1 | 3 | 4 |
| 427 | 문화재청 | 무형유산축전 | 352,000 | 2 | 1 | 5 | 1 | 2 | 5 | 5 | 4 |
| 428 | 문화재청 | 국가무형유산영상축제 | 300,000 | 2 | 1 | 7 | 8 | 7 | 5 | 5 | 4 |
| 429 | 문화재청 | 국가무형유산 보유자 지원금 | 300,000 | 2 | 1 | 7 | 8 | 7 | 5 | 5 | 4 |
| 430 | 문화재청 | 국가무형유산 정검다리 교실 | 645,000 | 2 | 1 | 5 | 1 | 7 | 5 | 3 | 4 |
| 431 | 문화재청 | 국가무형유산 공개 및 점검 | 290,000 | 2 | 1 | 7 | 8 | 7 | 5 | 3 | 4 |
| 432 | 문화재청 | 세계무형유산포럼 | 180,000 | 1 | 1 | 7 | 8 | 7 | 5 | 3 | 4 |
| 433 | 문화재청 | 기록 보존서고 수장고 항온습도장비 유지보수 | 25,920 | 1 | 8 | 7 | 1 | 7 | 5 | 1 | 4 |
| 434 | 문화재청 | 한국무형문화재인 운영 | 400,000 | 2 | 1 | 5 | 1 | 7 | 1 | 3 | 4 |
| 435 | 문화재청 | 무형문화재 공연 및 경연대회 | 594,000 | 2 | 1 | 5 | 1 | 7 | 5 | 3 | 4 |
| 436 | 문화재청 | 국가무형유산 공개행사 지원 | 2,366,000 | 2 | 1 | 5 | 1 | 7 | 1 | 3 | 4 |
| 437 | 문화재청 | 전승자 주관 전승활동 지원 | 1,980,000 | 2 | 1 | 5 | 1 | 7 | 1 | 3 | 4 |

| 순번 | 기관명 | 지출명(사업명) | 2024년 예산(단위:천원/1년간) | 담당부서 | 민간위탁 분류 (2023년 예산및기금운용계획및행사참여 의거) 1.관리위탁비(210-15목) 2.민간위탁사업비(320-02목) 3.법정민간대행사업비(320-08목) | 민간위탁지출 근거 1.법률에 규정 2.국고보조 재원(국가지원) 3.용도 지정 기부금 4.사행규칙 및 운영 규정 5.국가가 권장하는 사업권 6.국가 정책 및 재정사항 7.기타 8.해당없음 | 계약체결방법(경쟁형태) 1.일반경쟁 2.제한경쟁 3.지명경쟁 4.수의계약 5.법정위탁 6.기타() 7.해당없음 | 입찰방식 계약기간 1.1년 2.2년 3.3년 4.4년 5.5년 6.기타()(1년이만) 7.단가계약(1년이만) 8.해당없음 | 낙찰자선정방법 1.적격심사 2.협상에의한계약 3.최저가낙찰 4.규격가격분리 5.2단계 경쟁입찰 6.기타() 7.해당없음 | 운영비산 선정 운영비산 선정 1.내부선정(부서 자체회의로 선정) 2.외부선정 3.내부전문가협의체 선정 4.내외부 모두 선정 5.신청록 6.해당없음 | 정산방법 1.내부검정(부서 내부회의로 정산) 2.외부검정 3.내부전문가회의체 정산 4.정산록 5.해당없음 | 성과평가 실시여부 1.실시 2.미실시 3.향후 추진 4.해당없음 |
|---|---|---|---|---|---|---|---|---|---|---|---|---|
| 438 | 문화재청 | 전승장비 구입 및 수리 지원 | 100,000 | 전승지원과 | 2 | 1 | 5 | 1 | 7 | 1 | 3 | 4 |
| 439 | 문화재청 | 종묘대제 봉행 행사 지원 | 430,000 | 전승지원과 | 2 | 1 | 5 | 1 | 7 | 1 | 3 | 4 |
| 440 | 문화재청 | 전승공예품 디자인업(개발) | 410,000 | 전승지원과 | 2 | 1 | 5 | 1 | 7 | 1 | 3 | 4 |
| 441 | 문화재청 | 전승공예품 인증제 | 100,000 | 전승지원과 | 2 | 1 | 5 | 1 | 7 | 1 | 3 | 4 |
| 442 | 문화재청 | 전승공예품 온행 전승자 작품구입 | 799,000 | 전승지원과 | 2 | 1 | 5 | 1 | 7 | 1 | 3 | 4 |
| 443 | 문화재청 | 공예품아 판매기반 조성 지원 | 400,000 | 전승지원과 | 2 | 1 | 5 | 1 | 7 | 1 | 3 | 4 |
| 444 | 문화재청 | 이수자 전승활동(공연,전시) 지원 | 593,000 | 전승지원과 | 2 | 1 | 5 | 1 | 7 | 1 | 3 | 4 |
| 445 | 문화재청 | 이수 이수자 역량강화 지원 | 200,000 | 전승지원과 | 2 | 1 | 5 | 1 | 7 | 1 | 3 | 4 |
| 446 | 문화재청 | 공연장 무대기계설비 유지관리 점검 위탁용역 | 22,000 | 무형유산진흥과 | 1 | 7 | 7 | 8 | 7 | 5 | 5 | 4 |
| 447 | 문화재청 | 기계설비성능점검 용역 | 30,000 | 기록운영과 | 1 | 8 | 7 | 8 | 7 | 5 | 5 | 4 |
| 448 | 문화재청 | 방범시스템 유지관리 용역 | 42,000 | 기록운영과 | 1 | 8 | 7 | 8 | 7 | 5 | 5 | 4 |
| 449 | 문화재청 | 자동제어시스템 유지보수 용역 | 20,000 | 기록운영과 | 1 | 8 | 7 | 8 | 7 | 5 | 5 | 4 |
| 450 | 문화재청 | 통신설비 유지관리 용역 | 10,720 | 기록운영과 | 1 | 8 | 7 | 8 | 7 | 5 | 5 | 4 |
| 451 | 문화재청 | 방역소독 정기안전점검 | 20,000 | 기록운영과 | 1 | 8 | 7 | 8 | 7 | 5 | 5 | 4 |
| 452 | 문화재청 | 시설물 정기안전점검 | 18,000 | 기록운영과 | 1 | 8 | 7 | 8 | 7 | 5 | 5 | 4 |
| 453 | 문화재청 | 소방설비 유지보수 | 16,000 | 기록운영과 | 1 | 8 | 7 | 8 | 7 | 5 | 5 | 4 |
| 454 | 문화재청 | 승강기 설비 유지보수 | 19,000 | 기록운영과 | 1 | 8 | 7 | 8 | 7 | 5 | 5 | 4 |
| 455 | 문화재청 | 방송영상설비 유지보수 | 11,000 | 기록운영과 | 1 | 8 | 2 | 3 | 2 | 1 | 5 | 4 |
| 456 | 문화재청 | 정보시스템 통합 유지관리 및 운영사업 | 454,000 | 기록운영과 | 1 | 8 | 7 | 8 | 7 | 5 | 5 | 4 |
| 457 | 문화재청 | 2023년 국립무형유산원 홈페이지 유지관리 | 20,000 | 기록운영과 | 1 | 8 | 2 | 1 | 2 | 1 | 1 | 4 |
| 458 | 문화재청 | 한국전통문화대학교 정보시스템 통합유지보수 | 296,000 | 정보보안팀 | 1 | 6 | 4 | 1 | 3 | 1 | 3 | 4 |
| 459 | 문화재청 | 승강기 유지보수관리 용역 | 12,900 | 총무과 | 1 | 1 | 4 | 1 | 3 | 1 | 3 | 4 |
| 460 | 문화재청 | 통신설비관리 유지보수 용역 | 13,920 | 총무과 | 1 | 6 | 4 | 1 | 3 | 1 | 3 | 4 |
| 461 | 문화재청 | 방범설비관리 유지보수 용역 | 13,752 | 총무과 | 1 | 6 | 4 | 1 | 3 | 1 | 3 | 4 |
| 462 | 문화재청 | 영상방송설비관리 유지보수 용역 | 12,204 | 총무과 | 1 | 6 | 4 | 1 | 3 | 1 | 3 | 4 |
| 463 | 문화재청 | 기계저에어설비관리 유지보수 용역 | 13,300 | 총무과 | 1 | 6 | 4 | 1 | 3 | 1 | 3 | 4 |
| 464 | 문화재청 | 소방설비 유지관리 유지보수 용역 | 17,860 | 총무과 | 1 | 6 | 4 | 1 | 3 | 1 | 3 | 4 |
| 465 | 문화재청 | 냉난방설비관리 유지보수 용역 | 17,900 | 총무과 | 1 | 6 | 4 | 1 | 3 | 1 | 3 | 4 |
| 466 | 문화재청 | 지진가속도계측기관리 유지보수 용역 | 11,470 | 총무과 | 1 | 1 | 4 | 1 | 3 | 1 | 3 | 4 |
| 467 | 문화재청 | 물품관리 유지보수 용역 | 21,040 | 총무과 | 1 | 8 | 4 | 1 | 3 | 1 | 4 | 4 |
| 468 | 문화재청 | 전기설비 안전진단 유지보수 용역 | 12,098 | 총무과 | 1 | 1 | 4 | 1 | 3 | 1 | 3 | 4 |
| 469 | 문화재청 | 문책방지시스템 유지보수 용역 | 3,165 | 총무과 | 1 | 6 | 4 | 1 | 7 | 1 | 1 | 4 |
| 470 | 문화재청 | 출입관리시스템 유지보수 | 8,397 | 학술정보과 | 1 | 6 | 4 | 1 | 7 | 1 | 1 | 4 |
| 471 | 문화재청 | 통합전자도서관시스템 유지보수 | 5,638 | 학술정보과 | 1 | 6 | 4 | 8 | 7 | 5 | 1 | 4 |
| 472 | 문화재청 | 연총사 조경관리 용역 | 380,000 | 기획운영과 | 1 | 6 | 7 | 1 | 7 | 1 | 5 | 4 |
| 473 | 문화재청 | 전산장비 유지보수 용역 | 3,000 | 기획운영과 | 1 | 6 | 4 | 1 | 7 | 1 | 1 | 4 |
| 474 | 문화재청 | 승강기 유지관리 용역 | 4,000 | 관리과 | 1 | 6 | 4 | 1 | 7 | 1 | 1 | 4 |
| 475 | 문화재청 | 재난예방시스템 유지관리 용역 | 10,000 | 관리과 | 1 | 6 | 4 | 1 | 7 | 1 | 1 | 4 |
| 476 | 문화재청 | 전기안전관리 유지관리 용역 | 9,000 | 관리과 | 1 | 6 | 4 | 1 | 7 | 1 | 1 | 4 |
| 477 | 문화재청 | 통신장비 유지관리 용역 | 1,400 | 관리과 | 1 | 6 | 4 | 1 | 7 | 1 | 1 | 4 |

| 순번 | 기관명 | 지출명(사업명) | 2024년 예산(단위:천원/1년간) | 담당부서 | 민간위탁 분류 (2023년 예산편성운용계획집행지침 의거) 1.관리용역(210-15목) 2.민간위탁사업비(320-02목) 3.법정민간대행사업비(320-08목) | 민간위탁의 근거 1.법률에 규정 2.국고보조 재원(국가지침) 3.용도 지정 기부금 4.시행규칙 및 운영 규정 5.국가가 관장하는 사업을 하는 금융기관 6.국가 정책 및 재정상 7.기타 8.해당없음 | 계약방법(경쟁형태) 1.일반경쟁 2.제한경쟁 3.지명경쟁 4.수의계약 5.법정위탁 6.기타 7.해당없음 | 입찰방식 계약기간 1.1년 2.2년 3.3년 4.4년 5.5년 6.기타(1년미만) 7.단기계약(1년이반) 8.해당없음 | 낙찰자선정방법 1.적격심사 2.협상에의한계약 3.최저가낙찰 4.국가계약법령 5.2단계 경쟁입찰 6.기타() 7.해당없음 | 운영예산 선정 운영선정 1.내부선정(부서 자체적으로 신청) 2.외부선정(외부전문기관에 신청) 3.내외부 모두 선정 4.산정無 5.해당없음 | 운영예산 선정 정산법 1.내부정산(부서 내부적으로 정산) 2.외부정산(외부전문기관에 정산) 3.내외부 모두 선정 4.정산無 5.해당없음 | 성과평가 실시여부 1.실시 2.미실시 3.향후 추진 4.해당없음 |
|---|---|---|---|---|---|---|---|---|---|---|---|---|
| 478 | 문화재청 | 통합보안시스템 유지관리 용역 | 8,000 | 관리과 | 1 | 6 | 4 | 1 | 7 | 1 | 1 | 4 |
| 479 | 문화재청 | 소방시설 유지관리 용역 | 5,000 | 관리과 | 1 | 6 | 4 | 1 | 7 | 1 | 1 | 4 |
| 480 | 문화재청 | 2024년 만의중 야간보안용역 | 60,192 | 관리과 | 1 | 6 | 7 | 8 | 7 | 5 | 5 | 4 |
| 481 | 문화재청 | 2024년 만의중 통합관제 유지관리 용역 | 5,760 | 관리과 | 1 | 6 | 4 | 1 | 7 | 1 | 1 | 4 |
| 482 | 문화재청 | 2024년 해충방제 위탁용역 | 1,632 | 관리과 | 1 | 6 | 4 | 1 | 7 | 1 | 1 | 4 |
| 483 | 문화재청 | 2024년 전기안전관리 대행 용역 | 3,600 | 관리과 | 1 | 6 | 4 | 1 | 7 | 1 | 1 | 4 |
| 484 | 문화재청 | 2024년 소방관리 용역 | 3,600 | 관리과 | 1 | 6 | 4 | 1 | 7 | 1 | 1 | 4 |
| 485 | 문화재청 | 2024년 승강기유지관리 용역 | 2,769 | 관리과 | 1 | 6 | 4 | 1 | 7 | 1 | 1 | 4 |
| 486 | 문화재청 | 수목 및 산림관리 | 52,000 | 철벽의중관리소 | 1 | 8 | 7 | 8 | 7 | 5 | 5 | 2 |
| 487 | 문화재청 | 통합보안시스템 유지관리 용역 | 8,520 | 철벽의중관리소 | 1 | 8 | 4 | 1 | 7 | 1 | 1 | 2 |
| 488 | 문화재청 | 소방안전관리 용역 | 5,544 | 철벽의중관리소 | 1 | 8 | 4 | 1 | 7 | 1 | 1 | 2 |
| 489 | 문화재청 | 전기안전관리 용역 | 7,622 | 철벽의중관리소 | 1 | 8 | 4 | 1 | 7 | 1 | 1 | 2 |
| 490 | 문화재청 | 오수처리시설관리 용역 | 6,710 | 철벽의중관리소 | 1 | 8 | 4 | 1 | 7 | 1 | 1 | 2 |
| 491 | 문화재청 | 승강기 안전관리 용역 | 3,960 | 철벽의중관리소 | 1 | 8 | 4 | 1 | 7 | 1 | 1 | 2 |
| 492 | 문화재청 | 물품관리 유지보수 용역 | 1,716 | 철벽의중관리소 | 1 | 8 | 4 | 1 | 7 | 1 | 1 | 3 |
| 493 | 문화재청 | 인천공항 전통 미디어 설치 사업 | 1,000,000 | 기획운영과 | 2 | 1 | 5 | 1 | 7 | 1 | 2 | 4 |
| 494 | 문화재청 | 중대재해예방 안전관리용역 | 25,000 | 기획운영과 | 1 | 1 | 7 | 8 | 7 | 5 | 5 | 4 |
| 495 | 문화재청 | 물품관리 유지보수 | 12,000 | 기획운영과 | 1 | 1 | 4 | 1 | 7 | 1 | 1 | 4 |
| 496 | 문화재청 | 2024지동 전시해설볼록 유지보수 | 200,000 | 전시홍보과 | 1 | 2 | 7 | 8 | 2 | 5 | 5 | 4 |
| 497 | 문화재청 | 국립고궁박물관 정보시스템 통합 운영 관리 | 280,000 | 국립조선왕조실록물관 | 1 | 1 | 2 | 8 | 2 | 5 | 5 | 2 |
| 498 | 문화재청 | 출동경비 용역 | 6,000 | 유물재과 | 1 | 1 | 7 | 8 | 7 | 5 | 5 | 4 |
| 499 | 문화재청 | 홈페이지 용역 | 22,000 | 유물과학팀 | 1 | 6 | 4 | 1 | 7 | 1 | 1 | 4 |
| 500 | 문화재청 | 유물유지관리프로그램 유지보수 | 7,000 | 유물운영과 | 1 | 6 | 2 | 1 | 7 | 1 | 1 | 4 |
| 501 | 문화재청 | 전산장비 유지보수 | 70,000 | 해양유물연구과 | 1 | 6 | 4 | 1 | 7 | 1 | 1 | 4 |
| 502 | 문화재청 | 우리배 지식 행사찰 프로그램 유지보수 | 10,000 | 기획운영과 | 1 | 6 | 4 | 1 | 7 | 1 | 1 | 4 |
| 503 | 문화재청 | 통합도서관리시스템 유지보수 | 2,200 | 서해문화재과 | 1 | 6 | 4 | 1 | 7 | 1 | 1 | 4 |
| 504 | 문화재청 | 2024년 소방시설 서버관리 유지보수 | 9,600 | 서해문화재과 | 1 | 6 | 4 | 1 | 7 | 1 | 1 | 4 |
| 505 | 문화재청 | 2024년 서해문화재과 보건관리업무 위탁 용역 | 4,896 | 서해문화재과 | 1 | 6 | 4 | 1 | 7 | 1 | 1 | 4 |
| 506 | 문화재청 | 2024년 태안 오수처리시설 위탁 용역 | 7,920 | 서해문화재과 | 1 | 6 | 4 | 1 | 7 | 1 | 1 | 4 |
| 507 | 문화재청 | 2024년 태안 인천관리업무 위탁 용역 | 3,801 | 서해문화재과 | 1 | 6 | 4 | 1 | 7 | 1 | 1 | 4 |
| 508 | 문화재청 | 2024년 태안 전산장비 통합유지보수 | 40,320 | 서해문화재과 | 1 | 6 | 4 | 1 | 7 | 1 | 1 | 4 |
| 509 | 문화재청 | 2024년 태안 승강기 유지보수 용역 | 5,676 | 서해문화재과 | 1 | 6 | 4 | 1 | 7 | 1 | 1 | 4 |
| 510 | 문화재청 | 2024년 태안 전기안전관리대행 용역 | 17,550 | 서해문화재과 | 1 | 6 | 4 | 1 | 7 | 1 | 1 | 4 |
| 511 | 문화재청 | 2024년 태안 무인경비시스템 유지보수 용역 | 1,800 | 서해문화재과 | 1 | 6 | 4 | 1 | 7 | 1 | 1 | 4 |
| 512 | 문화재청 | 승강기 유지보수 용역 | 10,000 | 국립가야문화재연구소 기획운영과 | 1 | 1 | 7 | 8 | 7 | 5 | 5 | 4 |
| 513 | 문화재청 | 승강기 유지보수 용역 | 15,036 | 행정운영과 | 1 | 1 | 4 | 1 | 7 | 1 | 1 | 4 |
| 514 | 문화재청 | 청사시설 유지보수 | 4,964 | 행정운영과 | 1 | 7 | 7 | 8 | 7 | 5 | 5 | 4 |
| 515 | 문화재청 | 물품관리 유지보수 | 10,000 | 행정운영과 | 1 | 8 | 4 | 1 | 7 | 1 | 1 | 2 |
| 516 | 문화재청 | 과제관리시스템 유지관리 | 20,000 | 연구기획과 | 1 | 8 | 4 | 1 | 7 | 1 | 1 | 4 |
| 517 | 문화재청 | 성과관리시스템 유지관리 | 20,000 | 연구기획과 | 1 | 8 | 4 | 1 | 7 | 1 | 1 | 4 |

| 순번 | 기관명 | 지출명(사업명) | 2024년 예산(단위:천원/1년간) | 담당부서 | 민간이전 분류 (2023년 예산기금운용계획집행지침 참여 의거) 1.관리운영비(210-15목) 2.민간위탁사업비(320-02목) 3.법정민간대행사업비(320-08목) | 민간위탁 제출 근거 1.법률에 규정 2.국고보조·재원(국가시책) 3.용도 지정 기부금 4.사행규칙 및 운영 규정 5.사행기관 공장하는 사업인 또는 공공기관 6.국가 참여 및 재정사항 7.기타 8.해당없음 | 계약방법(공통행태) 1.일반경쟁 2.제한경쟁 3.지명경쟁 4.수의계약 5.법정위탁 6.기타() 7.해당없음 | 입찰방식 계약기간 1.1년 2.2년 3.3년 4.4년 5.5년 6.기타() 7.단가계약 (1년이만) 8.해당없음 | 낙찰자선정방법 1.적격심사 2.협상에의한계약 3.최저가낙찰 4.규격가격분리 5.2단계 경쟁입찰 6.기타() 7.해당없음 | 운영예산 산정 운영예산 선정 1.내부산정(부서자체로선정) 2.외부산정 3.내·외부모두선정 4.선정無 5.해당없음 | 운영예산 산정 정산방법 (부서내부적으로 정산) 2.외부정산 3.외부전문기관에 정산 4.정산無 5.해당없음 | 성과평가 실시여부 1.실시 2.미실시 3.향후 추진 4.해당없음 |
|---|---|---|---|---|---|---|---|---|---|---|---|---|
| 518 | 문화재청 | 시험 연구동 위생 시설관리 | 12,000 | 안전방재연구실 | 1 | 8 | 7 | 8 | 7 | 5 | 5 | 4 |
| 519 | 문화재청 | 시설관리 | 5,916 | 문화재보존과학센터 | 1 | 8 | 4 | 1 | 7 | 1 | 1 | 4 |
| 520 | 문화재청 | 무인경비시스템 위탁관리 | 8,400 | 자연문화재연구실 | 1 | 2 | 4 | 1 | 7 | 1 | 5 | 4 |
| 521 | 문화재청 | 전시실 수증관 위탁관리 | 12,600 | 자연문화재연구실 | 1 | 8 | 4 | 1 | 7 | 1 | 1 | 4 |
| 522 | 문화재청 | 소방안전관리 위탁관리 | 6,000 | 자연문화재연구실 | 1 | 8 | 4 | 1 | 7 | 1 | 1 | 4 |
| 523 | 문화재청 | 2024년 국립문화재연구원 전산장비 통합유지보수 | 113,700 | 디지털문화재정보팀 | 1 | 1 | 2 | 1 | 2 | 1 | 1 | 4 |
| 524 | 문화재청 | 2024년 국립문화재연구원 정보시스템 유지관리 | 63,300 | 디지털문화재정보팀 | 1 | 1 | 2 | 1 | 2 | 1 | 1 | 4 |
| 525 | 문화재청 | 기록관 관리(한은함습기 등)용역 | 15,000 | 디지털문화재정보팀 | 1 | 1 | 7 | 8 | 7 | 5 | 5 | 4 |
| 526 | 문화재청 | 도서관리운영시스템용역 | 3,000 | 디지털문화재정보팀 | 1 | 1 | 7 | 8 | 7 | 5 | 5 | 4 |
| 527 | 문화재청 | 문화재보석정보시스템 유지보수 | 80,000 | 보존과학연구실 | 2 | 2 | 7 | 8 | 7 | 5 | 5 | 1 |
| 528 | 문화재청 | 발굴조사현장 무인영역수료 | 3,600 | 국립경주문화재연구소 학예연구실 | 1 | 8 | 4 | 1 | 7 | 1 | 1 | 4 |
| 529 | 문화재청 | 발굴조사현장 무인영역수료 | 7,200 | 국립부여문화재연구소 학예연구실 | 1 | 8 | 4 | 1 | 7 | 1 | 1 | 4 |
| 530 | 문화재청 | 발굴조사현장 무인영역수료 | 7,200 | 국립가야문화재연구소 학예연구실 | 1 | 8 | 4 | 1 | 7 | 1 | 1 | 4 |
| 531 | 문화재청 | 발굴조사현장 무인영역수료 | 3,900 | 국립나주문화재연구소 학예연구실 | 1 | 8 | 4 | 1 | 7 | 1 | 1 | 4 |
| 532 | 문화재청 | 청사 CCTV 관리용역 | 12,000 | 국립완주문화재연구소 기획영과 | 1 | 8 | 4 | 8 | 7 | 1 | 1 | 4 |
| 533 | 문화재청 | 도서실리프로그 유지보수 | 1,320 | 미술문화재연구소 | 1 | 8 | 4 | 8 | 7 | 5 | 5 | 4 |
| 534 | 문화재청 | 조선통신사디지털백과 사이트 유지보수 | 14,000 | 미술문화재연구소 | 1 | 8 | 7 | 8 | 7 | 5 | 5 | 4 |
| 535 | 문화재청 | 부석사 조사당 벽화 VR 사이트 유지보수 | 10,000 | 미술문화재연구소 | 1 | 8 | 7 | 8 | 7 | 5 | 5 | 4 |
| 536 | 문화재청 | 공통활용성성과 | 22,267,000 | 공통서비스기획과 | 2 | 1 | 5 | 1 | 7 | 5 | 2 | 1 |
| 537 | 문화재청 | 2024년 전산발굴시스템 통합 유지관리 용역 | 97,608 | 공통서비스기획과 | 1 | 2 | 2 | 3 | 2 | 1 | 1 | 4 |
| 538 | 문화재청 | 2024년 다국어 통합 홈페이지 유지관리 용역 | 99,000 | 공통서비스기획과 | 1 | 2 | 2 | 1 | 2 | 1 | 1 | 4 |
| 539 | 문화재청 | 2024년 경복궁 종합경비시스템 유지수 위탁용역 | 180,000 | 경복궁관리소 | 1 | 2 | 4 | 1 | 6 | 1 | 1 | 4 |
| 540 | 문화재청 | 2024년 경복궁 전기안전관리 위탁용역 | 15,705 | 경복궁관리소 | 1 | 2 | 4 | 1 | 6 | 1 | 1 | 4 |
| 541 | 문화재청 | 2024년 경복궁 소방안전관리 위탁용역 | 20,000 | 경복궁관리소 | 1 | 2 | 4 | 1 | 6 | 1 | 1 | 4 |
| 542 | 문화재청 | 2024년 경복궁 오수처리 위탁용역 | 9,405 | 경복궁관리소 | 1 | 2 | 4 | 1 | 6 | 1 | 1 | 4 |
| 543 | 문화재청 | 2024년 창덕궁 종합관제센터 승강기 유지관리 업무대행 용역 | 2,376 | 창덕궁관리소 | 1 | 2 | 4 | 1 | 6 | 1 | 1 | 4 |
| 544 | 문화재청 | 2024년 창덕궁 소방관리 업무대행 용역 | 25,931 | 창덕궁관리소 | 1 | 2 | 4 | 1 | 6 | 1 | 1 | 4 |
| 545 | 문화재청 | 2024년 창덕궁 전기설비 안전관리대행 용역 | 6,816 | 창덕궁관리소 | 1 | 2 | 4 | 1 | 2 | 1 | 1 | 4 |
| 546 | 문화재청 | 2024년 창덕궁 종합경비시스템 유지보수 용역 | 161,600 | 창덕궁관리소 | 1 | 2 | 2 | 1 | 6 | 1 | 1 | 4 |
| 547 | 문화재청 | 2024년 창덕궁 승강기 유지관리 대행 용역 | 4,026 | 창덕궁관리소 | 1 | 2 | 4 | 1 | 6 | 1 | 1 | 4 |
| 548 | 문화재청 | 2024년 창덕궁 소방안전관리 위탁용역 | 19,000 | 창덕궁관리소 | 1 | 2 | 4 | 1 | 6 | 1 | 1 | 4 |
| 549 | 문화재청 | 2024년 도덕진 활궤이 리프트 유지관리 용역 | 1,980 | 창덕궁관리소 | 1 | 2 | 4 | 1 | 6 | 1 | 1 | 4 |
| 550 | 문화재청 | 2024년 덕수궁 종합경비시스템 유지보수 용역 | 69,150 | 덕수궁관리소 | 1 | 2 | 2 | 1 | 2 | 1 | 1 | 4 |
| 551 | 문화재청 | 2024년 덕수궁 소방안전관리 유지보수 용역 | 76,239 | 덕수궁관리소 | 1 | 2 | 4 | 1 | 6 | 1 | 1 | 4 |
| 552 | 문화재청 | 2024년 종묘 및 사직단 소방안전관리 업무 대행 용역 | 13,869 | 종묘관리소 | 1 | 2 | 4 | 1 | 6 | 1 | 1 | 4 |
| 553 | 문화재청 | 2024년 종묘 전기안전관리 업무대행 용역 | 2,079 | 종묘관리소 | 1 | 2 | 4 | 1 | 6 | 1 | 1 | 4 |
| 554 | 문화재청 | 2024년 종묘 무인경비시스템 업무대행 용역 | 3,000 | 종묘관리소 | 1 | 2 | 4 | 1 | 6 | 1 | 1 | 4 |
| 555 | 문화재청 | 2024년 오수처리시설 유지관리 대행 용역 | 19,902 | 세종대왕유적관리소 | 1 | 2 | 4 | 1 | 6 | 1 | 1 | 4 |
| 556 | 문화재청 | 2023년 전산장비 유지관리 용역 | 5,016 | 세종대왕유적관리소 | 1 | 2 | 4 | 1 | 6 | 1 | 1 | 4 |
| 557 | 문화재청 | 2023년 소방시설 점검 용역 | 19,750 | 세종대왕유적관리소 | 1 | 2 | 4 | 1 | 6 | 1 | 1 | 4 |

| 순번 | 기관명 | 지출명(사업명) | 2024년 예산(단위:천원/1년간) | 담당부서 | 민간위탁 분류 (2023년 예산및기금운용계획집행지침에 의거) 1.관리용역(210-15목) 2.민간위탁사업비(320-02목) 3.법정민간대행사업비(320-08목) | 민간위탁 근거 1.법률의 규정 2.국고보조 재원(국가지정) 3.고시도 지정 기부금 4.시행규칙 및 훈령 규정 5.국가기관 권장하는 사업관련 기타 공공기관 6.국가 정책 및 재정사항 7.기타 8.해당없음 | 계약체결법(경영형태) 1.일반경쟁 2.제한경쟁 3.지명경쟁 4.수의계약 5.분리계약 6.기타() 7.해당없음 | 입찰방식 계약기간 1.1년 2.2년 3.3년 4.4년 5.5년 6.기타(1년) 7.단기계약(1개월) 8.해당없음 | 낙찰자선정방법 1.적격심사 2.협상에의한계약 3.최저가낙찰 4.규격가격혼용 5.2단계 경쟁입찰 6.기타() 7.해당없음 | 운영예산 산정 1.내부산정 (부서 자체로 산정) 2.외부산정 (외부전문기관위탁 산정) 3.내외부 모두 산정 4.산정無 5.해당없음 | 정산방법 1.내부정산 (부서 내부적으로 정산) 2.외부정산 (외부전문기관위탁 정산) 3.내외부 모두 산정 4.정산無 5.용역없음 | 성과평가 실시여부 1.실시 2.미실시 3.향후 추진 4.해당없음 |
|---|---|---|---|---|---|---|---|---|---|---|---|---|
| 558 | 문화재청 | 2023년 종합경비시스템 유지보수 용역 | 48,985 | 세종대왕유적관리소 | 1 | 2 | 4 | 1 | 1 | 1 | 1 | 4 |
| 559 | 문화재청 | 2023년 영릉 전기안전관리 대행 용역 | 7,525 | 세종대왕유적관리소 | 1 | 2 | 4 | 1 | 6 | 1 | 1 | 4 |
| 560 | 문화재청 | 2023년도 조선왕릉동부지구 CCTV 장비 관리 용역 | 217,800 | 조선왕릉동부지구관리소 동구릉 | 1 | 6 | 1 | 1 | 2 | 1 | 5 | 4 |
| 561 | 문화재청 | 2022년 전기설비 안전관리 업무대행 용역 | 5,148 | 조선왕릉동부지구관리소 동구릉 | 1 | 6 | 4 | 1 | 7 | 1 | 5 | 4 |
| 562 | 문화재청 | 2022년 동구릉 소방안전관리 대행용역 | 6,000 | 조선왕릉동부지구관리소 동구릉 | 1 | 6 | 4 | 1 | 7 | 1 | 5 | 4 |
| 563 | 문화재청 | 2022년 조선왕릉동부지구 산업보건관리 위탁용역 | 11,970 | 조선왕릉동부지구관리소 동구릉 | 1 | 6 | 4 | 1 | 7 | 1 | 5 | 4 |
| 564 | 문화재청 | 2022년 조선왕릉동부지구 산업안전관리 위탁용역 | 9,305 | 조선왕릉동부지구관리소 동구릉 | 1 | 6 | 4 | 1 | 7 | 1 | 5 | 4 |
| 565 | 문화재청 | 2022년 조선왕릉동부지구 오수처리 위탁관리용역 | 15,017 | 조선왕릉동부지구관리소 동구릉 | 1 | 6 | 4 | 1 | 7 | 1 | 5 | 4 |
| 566 | 문화재청 | 2022년 조선왕릉동부지구 관광객 화장실 및 관리동(사무동) 위생관리 용역 | 11,004 | 조선왕릉동부지구관리소 동구릉 | 1 | 6 | 4 | 1 | 7 | 5 | 5 | 4 |
| 567 | 문화재청 | 2024년 조선왕릉중부지구관리소태릉 | 14,200 | 조선왕릉중부지구관리소태릉 | 1 | 6 | 7 | 8 | 6 | 5 | 1 | 4 |
| 568 | 문화재청 | 2024년 재난관리자원 무전통신 관리용역 | 9,702 | 조선왕릉서부지구관리소서릉 | 1 | 2 | 4 | 1 | 6 | 1 | 5 | 4 |
| 569 | 문화재청 | 2024년 조선왕릉 오수처리시설 위탁관리 용역 | 26,770 | 조선왕릉서부지구관리소서릉 | 1 | 2 | 7 | 8 | 7 | 5 | 1 | 4 |
| 570 | 문화재청 | 2024년 조선왕릉 산업안전관리 위탁 용역 | 1,305 | 조선왕릉서부지구관리소서릉 | 1 | 2 | 4 | 1 | 6 | 1 | 1 | 4 |
| 571 | 문화재청 | 2024년 조선왕릉 산업보건관리 위탁 용역 | 14,592 | 조선왕릉서부지구관리소서릉 | 1 | 2 | 4 | 1 | 6 | 1 | 1 | 4 |
| 572 | 문화재청 | 2024년 조선왕릉 전산장비 유지보수 용역 | 11,868 | 조선왕릉서부지구관리소서릉 | 1 | 2 | 4 | 1 | 6 | 1 | 1 | 4 |
| 573 | 문화재청 | 2024년 고양 서오릉 및 파주 삼릉 전기안전관리 대행 용역 | 3,036 | 조선왕릉서부지구관리소서릉 | 1 | 2 | 4 | 1 | 6 | 1 | 1 | 4 |
| 574 | 문화재청 | 2024년 김포장릉 전기안전관리 대행 용역 | 1,584 | 조선왕릉서부지구관리소김포장릉 | 1 | 2 | 4 | 1 | 6 | 1 | 1 | 4 |
| 575 | 문화재청 | 2024년 화성 융릉과 건릉 전기안전관리 대행 용역 | 1,320 | 조선왕릉서부지구관리소화성 융릉과 건릉 | 1 | 2 | 4 | 1 | 2 | 1 | 1 | 4 |
| 576 | 문화재청 | 2024년도 조선왕릉서부지구 CCTV장비 유지관리 | 346,900 | 조선왕릉서부지구관리소서릉 | 1 | 2 | 1 | 1 | 2 | 5 | 5 | 4 |
| 577 | 문화체육관광부 | 저작권 특사경 수사지원시스템 유지관리 | 56,000 | 저작권보호과 | 1 | 8 | 7 | 8 | 7 | 5 | 1 | 4 |
| 578 | 문화체육관광부 | 2023~2024년도 문화체육관광부 대표누리집 유지운영사업(2차년도) | 411,250 | 정보화담당관 | 1 | 8 | 2 | 2 | 2 | 1 | 1 | 4 |
| 579 | 문화체육관광부 | 2023~2024년도 문화체육관광부 정보시스템 통합유지관리사업(2차년도) | 2,460,643 | 정보화담당관 | 1 | 8 | 2 | 2 | 2 | 1 | 1 | 4 |
| 580 | 문화체육관광부 | 2024년도 개인정보 보호 강화 | 433,550 | 정보화담당관 | 1 | 8 | 2 | 2 | 2 | 1 | 1 | 4 |
| 581 | 문화체육관광부 | 2024년도 문화체육관광 사이버안전센터 보안관제 위탁운영 | 3,103,000 | 정보화담당관 | 1 | 8 | 1 | 3 | 1 | 1 | 1 | 4 |
| 582 | 문화체육관광부 | e-브리핑 서비스 위탁운영 | 574,000 | 소통협력과 | 1 | 7 | 2 | 2 | 2 | 1 | 1 | 2 |
| 583 | 문화체육관광부 | 2024년 공감누리집 운영 개선 | 200,000 | 콘텐츠기획과 | 1 | 1 | 2 | 1 | 7 | 1 | 1 | 2 |
| 584 | 문화체육관광부 | 정책홍보지원시스템 운영(2024~2025년 정책홍보지원시스템 위탁운영) | 325,000 | 디지털소통정책과 | 1 | 6 | 2 | 2 | 2 | 1 | 1 | 2 |
| 585 | 문화체육관광부 | 2024년도 이른 수립시스템 운영(2024년 정책여론수립시스템 초스팅) | 1,004,000 | 디지털소통정책과 | 1 | 6 | 4 | 1 | 2 | 1 | 1 | 2 |
| 586 | 문화체육관광부 | 2023~2024년도 정책포털시스템 운영 | 947,000 | 정책포털과 | 1 | 8 | 2 | 2 | 2 | 1 | 1 | 4 |
| 587 | 문화체육관광부 | 2024~2025년 공보자체 통합매체 운영 및 유지보수 | 1,400,000 | 정책포털과 | 1 | 8 | 4 | 1 | 7 | 1 | 1 | 4 |
| 588 | 문화체육관광부 | 2024년도 정기간행물제작 정보시스템 유지보수 | 24,458 | 미디어정책과 | 1 | 8 | 7 | 8 | 7 | 1 | 1 | 4 |
| 589 | 문화체육관광부 | 2024년도 출판인쇄사 검색시스템 관리용역 | 15,000 | 출판인쇄독서진흥과 | 1 | 5 | 4 | 1 | 8 | 1 | 1 | 4 |
| 590 | 문화체육관광부 | 통합DB관리시스템 유지관리 | 150,000 | 복합협력과 | 1 | 8 | 7 | 8 | 7 | 5 | 5 | 4 |
| 591 | 문화체육관광부 | 2024년 아시아문화중심도시 홈페이지 서버 임차 및 유지보수 | 14,000 | 아시아문화중심도시추진단 | 1 | 6 | 4 | 1 | 7 | 1 | 1 | 2 |
| 592 | 문화체육관광부 | 2024년 시설관리시스템(FMS) 유지관리 용역 | 25,000 | 시설관리과 | 1 | 6 | 4 | 1 | 7 | 1 | 1 | 4 |
| 593 | 문화체육관광부 | 2023~2024년도 국립중앙박물관 승강기 유지관리용역 | 192,000 | 시설관리과 | 1 | 6 | 2 | 2 | 3 | 1 | 1 | 4 |
| 594 | 문화체육관광부 | 2024년도 국립중앙박물관 방역소독 용역 | 33,000 | 시설관리과 | 1 | 6 | 4 | 1 | 7 | 1 | 1 | 4 |
| 595 | 문화체육관광부 | 2024년 국립중앙박물관 전장인터넷 운영 | 396,000 | 행정지원과 | 1 | 6 | 7 | 8 | 7 | 5 | 5 | 4 |
| 596 | 문화체육관광부 | 디지털 원격교육(온라인학습) 콘텐츠 개발 운영 | 132,000 | 교육과 | 1 | 8 | 7 | 8 | 7 | 5 | 5 | 4 |
| 597 | 문화체육관광부 | 학예사 자격증 및 경력인정대상기관 누리집 관리 운영 및 수수료 | 3,000 | 미래전략담당관 | 1 | 6 | 7 | 8 | 7 | 5 | 5 | 4 |

| 순번 | 기관명 | 지출명 (사업명) | 2024년 예산 (단위:천원/1년간) | 담당부서 | 민간위탁 분류 (2023년 예산및기금운용계획집행지침 참여 의거) 1.관리운영비 (210-15목) 2.민간위탁사업비 (320-02목) 3.법정민간대행사업비 (320-08목) | 민간위탁자 근거 1.법률의 규정 2.국고보조 재원(국가지청) 3.용도 지정 기부금 4.사행규제 및 운영 규정 5.국가가 권장하는 사업 하는 공공기관 6.국가 정책 및 계획사업 7.기타 8.해당없음 | 계약방법 (경쟁형태) 1.일반경쟁 2.제한경쟁 3.지명경쟁 4.수의계약 5.법정위탁 6.기타 ( ) 7.해당없음 | 입찰방식 계약기간 1.1년 2.2년 3.3년 4.4년 5.5년 6.기타 ( ) 7.단기계약 (1년미만) 8.해당없음 | 낙찰자선정방법 1.적격심사 2.협상에의한계약 3.최저가낙찰제 4.규격가격분리 5.2단계 경쟁입찰 6.기타 ( ) 7.해당없음 | 운영예산 산정 1.내부산정 (부서 자체적으로 산정) 2.외부산정 (외부전문기관에 산정) 3.내외부 모두 산정 4.산정廢 5.해당없음 | 정산방법 1.내부정산 (부서 내부적으로 정산) 2.외부정산기관에 정산 3.내외부기관에 정산 4.정산無 5.해당없음 | 성과평가 실시여부 1.실시 2.미실시 3.향후 추진 4.해당없음 |
|---|---|---|---|---|---|---|---|---|---|---|---|---|
| 598 | 문화체육관광부 | 2024년도 국립중앙박물관 실감콘텐츠 통합 유지관리 용역 | 900,000 | 디지털박물관과 | 1 | 6 | 2 | 1 | 2 | 1 | 1 | 4 |
| 599 | 문화체육관광부 | 시설물 유지관리 | 26,400 | 기계운영과 | 1 | 8 | 7 | 8 | 7 | 5 | 5 | 4 |
| 600 | 문화체육관광부 | 누리집 전산 유지관리 용역 | 20,000 | 기계운영과 | 1 | 8 | 7 | 8 | 7 | 5 | 5 | 4 |
| 601 | 문화체육관광부 | 중패이지 및 승강기 유지보수 | 17,900 | 기계운영과 | 1 | 8 | 7 | 8 | 7 | 5 | 5 | 4 |
| 602 | 문화체육관광부 | 시설물 유지관리 | 11,000 | 기계운영과 | 1 | 8 | 7 | 8 | 7 | 5 | 5 | 4 |
| 603 | 문화체육관광부 | 누리집 전산 유지관리 | 28,000 | 기계운영과 | 1 | 8 | 7 | 8 | 7 | 5 | 5 | 4 |
| 604 | 문화체육관광부 | 누리장비 위탁관리용역 | 27,820 | 기계운영과 | 1 | 8 | 7 | 8 | 7 | 5 | 5 | 4 |
| 605 | 문화체육관광부 | 전산장비 위탁관리운영 | 12,180 | 기계운영과 | 1 | 8 | 7 | 8 | 7 | 5 | 5 | 4 |
| 606 | 문화체육관광부 | 소방시설 유지보수용역 | 3,360 | 기계운영과 | 1 | 8 | 4 | 1 | 7 | 1 | 1 | 4 |
| 607 | 문화체육관광부 | 승강기 유지보수용역 | 3,960 | 기계운영과 | 1 | 8 | 4 | 1 | 7 | 1 | 1 | 4 |
| 608 | 문화체육관광부 | 네트워크 보안장비(방화벽) 유지보수 | 1,000 | 기계운영과 | 1 | 8 | 4 | 1 | 7 | 1 | 1 | 4 |
| 609 | 문화체육관광부 | 누리집 유지보수 | 15,000 | 기계운영과 | 1 | 8 | 4 | 1 | 7 | 1 | 1 | 4 |
| 610 | 문화체육관광부 | 운직체문화 아카이브 시스템 유지관리 | 4,488 | 기계운영과 | 1 | 8 | 4 | 1 | 7 | 1 | 1 | 4 |
| 611 | 문화체육관광부 | 사업장 안전 위탁관리 | 3,200 | 기계운영과 | 1 | 8 | 4 | 1 | 7 | 1 | 1 | 4 |
| 612 | 문화체육관광부 | 소방시설 유지관리 | 10,692 | 기계운영과 | 1 | 8 | 4 | 1 | 7 | 5 | 5 | 4 |
| 613 | 문화체육관광부 | 승강기 유지보수 | 2,160 | 기계운영과 | 1 | 8 | 4 | 1 | 7 | 5 | 5 | 4 |
| 614 | 문화체육관광부 | 통신시설 유지보수 | 16,236 | 기계운영과 | 1 | 8 | 4 | 1 | 7 | 5 | 5 | 4 |
| 615 | 문화체육관광부 | 운직체문화 아카이브 시스템 유지관리 | 9,850 | 기계운영과 | 1 | 8 | 4 | 1 | 7 | 5 | 5 | 4 |
| 616 | 문화체육관광부 | 시설물 위탁관리 용역 | 40,000 | 기계운영과 | 1 | 8 | 7 | 8 | 7 | 5 | 5 | 4 |
| 617 | 문화체육관광부 | 시설물 유지보수 용역 | 24,000 | 기계운영과 | 1 | 8 | 7 | 8 | 7 | 5 | 5 | 4 |
| 618 | 문화체육관광부 | 승강기, 전산기기 유지보수 용역 | 16,000 | 기계운영과 | 1 | 8 | 7 | 8 | 7 | 5 | 5 | 4 |
| 619 | 문화체육관광부 | 시설관리 일반 | 35,000 | 기계운영과 | 1 | 8 | 7 | 8 | 7 | 5 | 5 | 4 |
| 620 | 문화체육관광부 | 승강기, 전산기기 등 유지보수 용역 | 49,500 | 기계운영과 | 1 | 8 | 7 | 8 | 7 | 5 | 5 | 4 |
| 621 | 문화체육관광부 | 안전관리업무 위탁 | 48,000 | 기계운영과 | 1 | 8 | 2 | 1 | 2 | 1 | 1 | 4 |
| 622 | 문화체육관광부 | 2024년 소방시설 유지관리 업무 용역 | 1,848 | 기계운영과 | 1 | 8 | 2 | 3 | 2 | 1 | 1 | 4 |
| 623 | 문화체육관광부 | 2024년 전기안전관리 대행 용역 | 15,705 | 기계운영과 | 1 | 8 | 7 | 8 | 7 | 5 | 5 | 4 |
| 624 | 문화체육관광부 | 2024년 보안 및 네트워크 시스템 유지관리 용역 | 5,000 | 기계운영과 | 1 | 8 | 4 | 8 | 7 | 5 | 5 | 4 |
| 625 | 문화체육관광부 | 2024년 국립익산박물관 누리집 업무 위탁 용역 | 9,760 | 기계운영과 | 1 | 8 | 4 | 8 | 7 | 1 | 1 | 4 |
| 626 | 문화체육관광부 | 2024년 안전관리 업무 용역 | 5,655 | 기계운영과 | 1 | 8 | 4 | 8 | 7 | 1 | 1 | 4 |
| 627 | 문화체육관광부 | 2024년 승강기 유지관리 업무 용역 | 5,280 | 기계운영과 | 1 | 8 | 4 | 8 | 7 | 1 | 1 | 4 |
| 628 | 문화체육관광부 | 2024년 국립익산박물관 기계설비(히트펌프운영관리) 유지관리 용역 | 18,700 | 기계운영과 | 1 | 8 | 4 | 8 | 7 | 1 | 1 | 4 |
| 629 | 문화체육관광부 | 2024년 오수처리시설 위탁관리 용역 | 8,000 | 기계운영과 | 1 | 8 | 4 | 1 | 7 | 1 | 1 | 4 |
| 630 | 문화체육관광부 | 2024년도 문화유산표준관리시스템 및 e유지 운영 | 399,000 | 유물관리부 | 1 | 1 | 2 | 1 | 2 | 1 | 1 | 4 |
| 631 | 문화체육관광부 | 2024~2026년 국립중앙박물관 정보화비 전산시스템 유지관리 | 1,038,000 | 디지털박물관과 | 1 | 1 | 2 | 3 | 2 | 1 | 1 | 4 |
| 632 | 문화체육관광부 | 2024년 국립민속박물관 무인경비시스템 유지관리 용역 | 10,056 | 민속기획과 | 1 | 8 | 7 | 8 | 7 | 5 | 5 | 4 |
| 633 | 문화체육관광부 | 2024년 국립민속박물관 방역소독 용역 | 2,250 | 민속기획과 | 1 | 8 | 7 | 8 | 7 | 5 | 5 | 4 |
| 634 | 문화체육관광부 | 2024년 국립민속박물관 본관 산업안전관리 업무 위탁 용역 | 6,240 | 민속기획과 | 1 | 8 | 7 | 8 | 7 | 5 | 5 | 4 |
| 635 | 문화체육관광부 | 2024년 국립민속박물관 승강기 유지관리 용역 | 7,980 | 민속기획과 | 1 | 8 | 7 | 8 | 7 | 5 | 5 | 4 |
| 636 | 문화체육관광부 | 2024년 국립민속박물관 업무시스템 유지관리 용역 | 59,000 | 민속기획과 | 1 | 8 | 7 | 8 | 7 | 5 | 5 | 4 |
| 637 | 문화체육관광부 | 2024년 국립민속박물관 전산시스템 및 누리집 유지관리 용역 | 398,851 | 민속기획과 | 1 | 8 | 7 | 8 | 7 | 5 | 5 | 4 |

| 순번 | 기관명 | 사업명 (사업명) | 2024년 예산 (단위:천원/1년간) | 민간위탁 분류 (2023년 예산및기금운용계획집행지침에 의거) 1. 관리용역비 (210-15목) 2. 민간위탁사업비 (320-02목) 3. 법정민간대행사업비 (320-08목) | 민간위탁 근거 1. 법률에 규정 2. 국고보조 재원(국가지정) 3. 용도 지정 기부 4. 시행령 및 훈령 규정 5. 국가가 권장하는 사업을 하는 공공기관 6. 국가 정책 및 재정사정 7. 기타 8. 해당없음 | 계약체결 방법 1. 일반경쟁 2. 제한경쟁 3. 지명경쟁 4. 수의계약 5. 위탁협약 6. 기타() 7. 해당없음 | 입찰방식 계약기간 1.1년 2.2년 3.3년 4.4년 5.5년 6.기타(년) 7. 단기계약 (1년미만) 8. 해당없음 | 낙찰자선정상 1. 적격심사 2. 협상에의한계약 3. 최저가낙찰제 4. 규격가격분리 5. 2단계경쟁입찰 6. 기타() 7. 해당없음 | 위탁 산정운영 1. 내부산정 (부서자체로 산정) 2. 외부산정 (외부전문기관위탁 산정) 3. 내·외부 모두 산정 4. 신청額 5. 해당없음 | 원가 산정과정 1. 내부검산 (부서 내부적으로 검산) 2. 외부검산 3. 내·외부 모두 산정 (외부전문기관위탁 검산) 4. 검산額 5. 해당없음 | 성과평가 실시여부 1. 실시 2. 미실시 3. 향후 추진 4. 해당없음 |
|---|---|---|---|---|---|---|---|---|---|---|
| 638 | 문화체육관광부 | 2024년 국립민속박물관 통신설비 유지관리 용역 | 7,404 | 민속기획과 | 1 | 8 | 7 | 8 | 7 | 5 | 5 | 4 |
| 639 | 문화체육관광부 | 2024년도 국립민속박물관 실외 무인계수시스템 유지보수 용역 | 2,160 | 민속기획과 | 1 | 8 | 7 | 8 | 7 | 5 | 5 | 4 |
| 640 | 문화체육관광부 | 2024년도 국립민속박물관 어린이박물관 청소 및 소독 용역 | 39,302 | 어린이박물관과 | 1 | 8 | 7 | 8 | 7 | 5 | 5 | 4 |
| 641 | 문화체육관광부 | 2024년 국립민속박물관 보존과학실 프로그램 통합유지관리 용역 | 20,600 | 유물과학과 | 1 | 8 | 7 | 8 | 7 | 5 | 5 | 4 |
| 642 | 문화체육관광부 | 2024년도 국립민속박물관 파주 산업안전관리 업무 위탁 용역 | 2,916 | 유물과학과 | 1 | 8 | 7 | 8 | 7 | 5 | 5 | 4 |
| 643 | 문화체육관광부 | 2024년 국립민속박물관 파주관 무인전자 경비시스템 관리 유지보수 용역 | 6,348 | 유물과학과 | 1 | 8 | 7 | 8 | 7 | 5 | 5 | 4 |
| 644 | 문화체육관광부 | 2024년도 국립민속박물관 파주관 청사 방역소독 용역 | 4,992 | 유물과학과 | 1 | 8 | 7 | 8 | 7 | 5 | 5 | 4 |
| 645 | 문화체육관광부 | 2024년 국립민속박물관 통신시설 유지보수 용역 | 4,770 | 유물과학과 | 1 | 8 | 7 | 8 | 7 | 5 | 5 | 4 |
| 646 | 문화체육관광부 | 2024년도 국립민속박물관 방사선 발생장치 안전관리 용역 | 5,830 | 유물과학과 | 1 | 8 | 7 | 8 | 7 | 5 | 5 | 4 |
| 647 | 문화체육관광부 | 2024년도 국립민속박물관 파주관 화장실 위생관리 용역 | 7,795 | 유물과학과 | 1 | 8 | 7 | 8 | 7 | 5 | 5 | 4 |
| 648 | 문화체육관광부 | 2024년도 국립민속박물관 파주관 승강기 유지보수 용역 | 5,832 | 유물과학과 | 1 | 8 | 7 | 8 | 7 | 5 | 5 | 4 |
| 649 | 문화체육관광부 | 2024년도 국립민속박물관 상설전시관 및 야외전시장 관리(청소) 용역 | 26,433 | 유물과학과 | 1 | 8 | 7 | 8 | 7 | 5 | 5 | 4 |
| 650 | 문화체육관광부 | 2024년도 전시관 전시영상장비 유지보수 용역 | 21,560 | 전시운영과 | 1 | 8 | 7 | 8 | 7 | 5 | 5 | 4 |
| 651 | 문화체육관광부 | 2023년도 국어정보시스템 유지관리 | 380,784 | 전시운영과 | 1 | 1 | 2 | 1 | 2 | 1 | 1 | 1 |
| 652 | 문화체육관광부 | 말뭉치 통합 시스템 유지 관리 및 운영 | 150,000 | 언어정보과 | 1 | 1 | 2 | 1 | 2 | 1 | 1 | 1 |
| 653 | 문화체육관광부 | 2024년 전기안전관리대행용역 | 11,628 | 언어정보과 | 1 | 8 | 4 | 1 | 7 | 1 | 1 | 4 |
| 654 | 문화체육관광부 | 2024년 승강기유지보수 용역 | 6,653 | 기획운영과 | 1 | 8 | 4 | 3 | 2 | 1 | 1 | 4 |
| 655 | 문화체육관광부 | 2024년 우인경비 위탁 용역 | 2,936 | 기획운영과 | 1 | 8 | 4 | 7 | 7 | 1 | 1 | 4 |
| 656 | 문화체육관광부 | 2024년 어문연구 정보 시스템 유지관리 및 운영 | 130,000 | 어문연구과 | 1 | 8 | 4 | 8 | 2 | 1 | 1 | 4 |
| 657 | 문화체육관광부 | 2024년 국어생활상담 통합시스템 운영 및 유지관리 | 30,000 | 어문연구과 | 1 | 8 | 2 | 8 | 2 | 1 | 1 | 4 |
| 658 | 문화체육관광부 | 2024년 가나다전화 시스템 유지보수 | 5,000 | 어문연구과 | 1 | 8 | 4 | 1 | 2 | 1 | 1 | 4 |
| 659 | 문화체육관광부 | 2024년 한국수어 자료 통합 지원 시스템 운영 및 유지관리 | 50,000 | 특수언어진흥과 | 1 | 8 | 2 | 8 | 2 | 5 | 5 | 4 |
| 660 | 문화체육관광부 | 2024년 점자 종합정보 누리집 운영 및 유지관리 | 50,000 | 특수언어진흥과 | 1 | 8 | 2 | 8 | 2 | 1 | 1 | 4 |
| 661 | 문화체육관광부 | 2024년 온라인 국어문화학교 학습관리 시스템 운영 및 유지관리 | 40,000 | 교육연수과 | 1 | 8 | 2 | 1 | 3 | 1 | 1 | 4 |
| 662 | 문화체육관광부 | 2024년 산업안전관리 업무 위탁용역 | 6,280 | 기획운영과 | 1 | 8 | 4 | 1 | 1 | 1 | 1 | 4 |
| 663 | 문화체육관광부 | 국립한글박물관 전시통합유지관리 | 303,939 | 기획운영과 | 1 | 4 | 2 | 3 | 3 | 5 | 5 | 4 |
| 664 | 문화체육관광부 | 2024년 한글놀이터 영상 유지보수 | 11,657 | 연구사업과 | 1 | 8 | 4 | 7 | 2 | 1 | 1 | 4 |
| 665 | 문화체육관광부 | ACC 미디어월 유지보수 | 50,000 | 공연사업과 | 1 | 8 | 7 | 8 | 7 | 5 | 5 | 4 |
| 666 | 문화체육관광부 | 장비개통 유지보수 | 63,000 | 공연사업과 | 1 | 6 | 7 | 8 | 7 | 5 | 5 | 4 |
| 667 | 문화체육관광부 | 무대기계 유지보수 | 230,000 | 공연사업과 | 1 | 6 | 7 | 8 | 7 | 5 | 5 | 4 |
| 668 | 문화체육관광부 | 사업폐기물 위탁처리 용역 | 50,000 | 시설관리과 | 1 | 8 | 2 | 1 | 3 | 1 | 1 | 4 |
| 669 | 문화체육관광부 | 승강기 유지관리 용역 | 132,000 | 시설관리과 | 1 | 1 | 2 | 2 | 1 | 1 | 1 | 4 |
| 670 | 문화체육관광부 | 방수속 용역 | 22,000 | 시설관리과 | 1 | 8 | 4 | 1 | 3 | 1 | 1 | 4 |
| 671 | 문화체육관광부 | 전시시스템 통합 유지관리 | 845,000 | 기획운영과 | 1 | 6 | 2 | 1 | 2 | 1 | 1 | 4 |
| 672 | 문화체육관광부 | 전시실 영상장비 유지관리 | 20,500 | 전시운영과 | 1 | 8 | 4 | 1 | 7 | 1 | 1 | 4 |
| 673 | 문화체육관광부 | 상설전시 역사관 QR코드 안내시스템 운영 | 5,500 | 전시운영과 | 1 | 8 | 4 | 1 | 2 | 1 | 1 | 4 |
| 674 | 문화체육관광부 | 대한민국역사박물관 정보시스템 통합유지운영 | 179,000 | 자료관리과 | 1 | 1 | 2 | 8 | 2 | 5 | 5 | 4 |
| 675 | 문화체육관광부 | 대한민국역사박물관 누리집 위탁운영관리 및 개선 | 154,000 | 자료관리과 | 1 | 1 | 2 | 8 | 2 | 5 | 5 | 4 |
| 676 | 문화체육관광부 | 국립장애인도서관 운영 | 442,000 | 자료개발과 | 1 | 1 | 4 | 1 | 2 | 1 | 1 | 2 |
| 677 | 문화체육관광부 | 국립장애인도서관 운영(정보화) | 261,000 | 자료개발과 | 1 | 7 | 4 | 1 | 7 | 1 | 1 | 2 |

- 17 -

| 순번 | 기관명 | 사업명(사업명) | 2024년 예산 (단위:천원/1년간) | 담당부서 | 민간인력 분류 (2023년 예산기금운용계획집행지침 별1가) 1.관리용역비(210-15세) 2.민간위탁사업비(320-02세) 3.법정민간대행사업비(320-08세) | 민간위탁의 근거 1.법률의 규정 2.국고보조·계획(국가지원) 3.용도 지정 기부금 4.시행규칙 및 운영 규정 5.국가가 권장하는 사업은 하는 공공기관 6.기타 7.해당없음 | 계약체결방식 (공통형태) 1.일반경쟁 2.제한경쟁 3.지명경쟁 4.수의계약 5.법정위탁 6.기타() 7.해당없음 | 계약기간 1.1년 2.2년 3.3년 4.4년 5.5년 6.기타() 7.단가계약 (1년이만) 8.해당없음 | 낙찰자선정 1.최저가 2.협상에의한계약 3.적격자낙찰 4.수의기관선정 5.2단계 경쟁입찰 6.기타() 7.해당없음 | 운영예산 선정 (부서 기계획으로 선정) 1.내부선정 2.외부선정 (외부전문가에서 선정) 3.내·외부 모두 선정 4.선정불 5.해당없음 | 정보법(부서 내부절차로 정한) 1.내부절정 2.외부절정 (외부전문가에서 정한) 3.내·외부 모두 선정 4.정한불 5.해당없음 | 성과평가 실시여부 1.실시 2.미실시 3.향후 추진 4.해당없음 |
|---|---|---|---|---|---|---|---|---|---|---|---|---|
| 678 | 문화체육관광부 | 시설관리 및 개보수(민원전자기록물관리시스템 유지보수 용역) | 15,000 | 총무과 | 1 | 7 | 4 | 1 | 7 | 1 | 1 | 4 |
| 679 | 문화체육관광부 | 예술영재교육(홈페이지 유지보수 용역) | 79,325 | 교육팀 | 1 | 1 | 7 | 7 | 7 | 1 | 1 | 4 |
| 680 | 문화체육관광부 | 2024년 한국예술종합학교 정보시스템 운영 및 유지관리 용역 | 770,000 | 대외협력과 | 1 | 1 | 2 | 1 | 2 | 1 | 1 | 4 |
| 681 | 문화체육관광부 | 국가전자 총록 알고리즘 개발 및 시스템 고도화(2024년 국립중앙도서관 ISNI 시스템 유지관리) | 231,000 | 국가서지과 | 1 | 8 | 1 | 1 | 3 | 1 | 1 | 4 |
| 682 | 문화체육관광부 | 자료보존연구센터 건립 | 108,000 | 자료보존연구센터 | 1 | 8 | 1 | 1 | 3 | 1 | 1 | 4 |
| 683 | 문화체육관광부 | 시설관리 | 73,000 | 운영지원과 | 1 | 1 | 4 | 1 | 2 | 1 | 1 | 4 |
| 684 | 문화체육관광부 | 2024년 실감체험관 서비스 인력 운영 사업(뉴미디어체험관 운영) | 104,000 | 지식정보서비스과 | 1 | 1 | 2 | 1 | 2 | 1 | 1 | 4 |
| 685 | 문화체육관광부 | 크리엔메모리 콘텐츠 구축 | 430,000 | 디지털정보기획과 | 1 | 8 | 7 | 8 | 7 | 5 | 5 | 4 |
| 686 | 문화체육관광부 | 세종도서관 정보시스템 운영 | 1,438,000 | 행정기술지원과 | 1 | 8 | 7 | 8 | 7 | 5 | 5 | 4 |
| 687 | 문화체육관광부 | 2023~2024년 국립중앙도서관 정보서비스 통합 유지관리 | 2,189,000 | 정보기술기반과 | 1 | 8 | 2 | 2 | 2 | 1 | 1 | 4 |
| 688 | 문화체육관광부 | 2024년 국립중앙도서관 전산시스템 유지관리 | 1,881,000 | 정보기술기반과 | 1 | 8 | 7 | 8 | 7 | 5 | 5 | 4 |
| 689 | 문화체육관광부 | 2024년 국립국악원 전자교향기 유지관리 용역 | 10,800 | 기획관리과 | 1 | 8 | 7 | 8 | 7 | 5 | 5 | 4 |
| 690 | 문화체육관광부 | 2024년 국립국악원 승강기 유지관리 용역 | 15,600 | 기획관리과 | 1 | 8 | 7 | 8 | 7 | 5 | 5 | 4 |
| 691 | 문화체육관광부 | 2024년 국립국악원 소방시설 유지관리 용역 | 17,632 | 기획관리과 | 1 | 8 | 7 | 8 | 7 | 5 | 5 | 4 |
| 692 | 문화체육관광부 | 2024년 국립국악원 조경관리 용역 | 10,500 | 기획관리과 | 1 | 8 | 7 | 8 | 7 | 5 | 5 | 4 |
| 693 | 문화체육관광부 | 공연장 무대시설 정사소독 용역 | 5,468 | 기획관리과 | 1 | 8 | 7 | 8 | 7 | 5 | 5 | 4 |
| 694 | 문화체육관광부 | 공연장 무대시설 유지관리 용역 | 20,000 | 무대과 | 1 | 1 | 2 | 1 | 2 | 1 | 1 | 4 |
| 695 | 문화체육관광부 | 2024년 국악원 정보시스템 통합유지관리 | 444,000 | 국악연구실 | 1 | 1 | 2 | 1 | 2 | 1 | 1 | 4 |
| 696 | 문화체육관광부 | 2024년도 전산기기 유지관리 용역 | 49,004 | 국악연구실 | 1 | 8 | 7 | 8 | 3 | 5 | 5 | 4 |
| 697 | 문화체육관광부 | 2024년도 전산기기 유지관리 용역 | 8,396 | 행정지원과 | 1 | 8 | 7 | 8 | 7 | 5 | 5 | 4 |
| 698 | 문화체육관광부 | 2024년체험계 미화용역(국립방안원운영) | 100,000 | 기술보호과 | 1 | 8 | 7 | 8 | 7 | 5 | 5 | 4 |
| 699 | 문화체육관광부 | 소방시설물 유지보수 | 13,626 | 정보통신데이터담당관 | 1 | 8 | 4 | 1 | 7 | 1 | 1 | 4 |
| 700 | 방송통신위원회 | 시설 등 정기안전검사 및 특별 유지관리 용역 | 50,000 | 정보통신데이터담당관 | 1 | 8 | 1 | 2 | 2 | 1 | 1 | 4 |
| 701 | 방송통신위원회 | 전산장비 유지보수 | 2,030 | 운영담당관 | 1 | 8 | 1 | 2 | 7 | 5 | 5 | 4 |
| 702 | 방송통신위원회 | 펠프리간 시스템 | 4,000 | 감사담당관 | 1 | 6 | 4 | 1 | 1 | 5 | 5 | 4 |
| 703 | 방송통신위원회 | 전자공문시스템 유지관리(공중체계운영 및 활성화) | 406,500 | 미디어다양성정책과 | 2 | 6 | 2 | 7 | 2 | 5 | 3 | 4 |
| 704 | 방송통신위원회 | 통합방송자료 DB 유지관리(통합대내별 통합 실전화) | 160,340 | 통일방무과 | 2 | 7 | 2 | 8 | 1 | 1 | 1 | 2 |
| 705 | 방위사업청 | 국제계약체계 운영 | 372,000 | 복지지역복지담당관 | 1 | 1 | 5 | 1 | 1 | 5 | 5 | 4 |
| 706 | 방위사업청 | 자료교환체계 유지보수 | 25,000 | 기술보호과 | 3 | 8 | 4 | 8 | 2 | 5 | 4 | 2 |
| 707 | 방위사업청 | 23-24 정보시스템 통합유지보수 | 19,000 | 정보보호데이터담당관 | 1 | 7 | 7 | 1 | 2 | 3 | 4 | 4 |
| 708 | 방위사업청 | 공인탁라시시스템 유지보수(성장동력예술을 위한 기업법제 선진화) | 4,687,157 | 정보보호데이터담당관 | 1 | 8 | 4 | 2 | 2 | 3 | 4 | 2 |
| 709 | 방위사업청 | 보안관제 유지관리 | 780,822 | 운영지원과 | 1 | 8 | 1 | 2 | 2 | 5 | 5 | 4 |
| 710 | 법무부 | 청사유지관리 | 595,000 | 운영지원과 | 1 | 8 | 7 | 8 | 7 | 5 | 3 | 4 |
| 711 | 법무부 | 범죄사시설물및법조윤리정보 | 4,000 | 감사담당관 | 1 | 6 | 4 | 1 | 1 | 3 | 1 | 1 |
| 712 | 법무부 | 국가무정보시스템 유지관리 및 운영(국가인무수행 및 공익법무관 운영) | 1,046,000 | 국가소송과 | 1 | 7 | 6 | 1 | 1 | 1 | 1 | 4 |
| 713 | 법무부 | 북한인권기록조회리스템 통합 유지운영(북한인권기록보존소 운영) | 128,100 | 북한인권기록보존소 | 1 | 7 | 4 | 3 | 7 | 1 | 1 | 1 |
| 714 | 법무부 | 법률종합단체 홈페이지 유지관리(서비 법률홍보를 위한 변률종합단체) | 48,000 | 인권구조과 | 1 | 7 | 2 | 1 | 2 | 1 | 1 | 1 |

| 순번 | 기관명 | 사업명 (사업명) | 2024년 예산 (단위:천원/1년간) | 민간위탁 분류 (2023년 예산 및 기금운용계획집행지침 의거) 1.관리용역비 (210-15목) 2.민간위탁사업비 (320-02목) 3.법정민간대행사업비 (320-08목) | 민간위탁의 근거 1.법률에 규정 2.국고보조 재원(국가지침) 3.용도 지정 기부금 4.시행규칙 및 훈령 규정 5.국가기관 권한에 속하는 사업을 하는 공공기관 6.국가 정책 및 재원사항 7.기타 8.해당없음 | 계약체결법 (경영형태) 1.일반경쟁 2.제한경쟁 3.지명경쟁 4.수의계약 5.법정위탁 6.기타() 7.해당없음 | 계약기간 1.1년 2.2년 3.3년 4.4년 5.5년 6.기타(,년) 7.단기계약 (1년이만) 8.해당없음 | 낙찰자선정방법 1.적격심사 2.협상에의한계약 3.최저가낙찰제 4.국가종합평가 5.2단계 경쟁입찰 6.기타() 7.해당없음 | 운영성 산정 1.내부산정 2.외부 전문기관 의뢰 (정부출연기관에 의뢰) 3.내외부 혼합 4.산정 無 5.해당없음 | 정산방법 1.내부정산 2.부서 내부적으로 정산 3.외부전문기관 정산 4.정산대상 아님 5.해당없음 | 성과평가 실시여부 1.실시 2.미실시 3.향후 실시 4.해당없음 |
|---|---|---|---|---|---|---|---|---|---|---|---|
| 718 | 법무부 | 인권침해사건시스템 시설장비유지비 | 9,413 | 인권조사과 | 1 | 7 | 4 | 1 | 7 | 1 | 1 | 4 |
| 719 | 법무부 | 개인정보 모니터링 전산시스템 시설장비유지비 | 2,500 | 인권조사과 | 1 | 7 | 4 | 1 | 7 | 1 | 1 | 4 |
| 720 | 법무부 | 사회통합프로그램이수제운영 | 10,439,000 | 이민통합과 | 2 | 1 | 7 | 8 | 7 | 5 | 5 | 4 |
| 721 | 법무부 | 검찰 IT지원센터운영 | 126,000 | 검찰과 | 1 | 7 | 1 | 1 | 2 | 1 | 1 | 1 |
| 722 | 법무부 | 사이버안전센터 위탁 | 928,000 | 검찰과 | 1 | 4 | 1 | 1 | 2 | 1 | 1 | 1 |
| 723 | 법무부 | 검찰청사시설운영 | 3,038,040 | 검찰과 | 2 | 1 | 2 | 3 | 6 | 1 | 1 | 1 |
| 724 | 법무부 | 교도소행정지원 | 2,301,967 | 복지과 | 2 | 1 | 4 | 3 | 1 | 1 | 1 | 1 |
| 725 | 법무부 | 교도소행정지원 | 10,533,000 | 분류심사과 | 3 | 1 | 5 | 6 | 7 | 1 | 3 | 1 |
| 726 | 법무부 | 전자감독시스템 유지보수(전자감독) | 1,887,000 | 범죄예방기획과 | 1 | 6 | 1 | 1 | 2 | 1 | 1 | 1 |
| 727 | 법무부 | 전자감독장치 유지보수(전자감독) | 3,841,760 | 범죄예방기획과 | 1 | 6 | 1 | 1 | 2 | 1 | 1 | 1 |
| 728 | 법무부 | 성범죄자 신상정보등록시스템 유지보수 등(전자감독) | 169,069 | 범죄예방기획과 | 1 | 6 | 7 | 8 | 7 | 5 | 5 | 4 |
| 729 | 법무부 | 보호관찰시스템 유지보수(범죄예방 및 법교육활동) | 129,000 | 범죄예방기획과 | 1 | 6 | 7 | 8 | 7 | 5 | 5 | 4 |
| 730 | 법무부 | 전자경비시스템 유지보수(범죄예방기관시설운영) | 252,000 | 범죄예방기획과 | 1 | 6 | 7 | 8 | 7 | 5 | 5 | 4 |
| 731 | 법무부 | 의료세탁물처리 위탁관리(자료감독수용관리) | 87,798 | 범죄예방기획과 | 1 | 6 | 7 | 8 | 7 | 1 | 1 | 4 |
| 732 | 법무부 | 법무정보시스템 통합유지관리사업(법무행정정보화(정보화)) | 2,425,016 | 정보화담당관 | 1 | 6 | 1 | 2 | 2 | 1 | 1 | 4 |
| 733 | 법무부 | 법무사이버안전센터 위탁운영(법무행정정보화(정보화)) | 1,752,960 | 정보화담당관 | 1 | 6 | 4 | 2 | 1 | 1 | 1 | 4 |
| 734 | 법무부 | PC 등 사무용 전산기기 유지관리 용역(법무행정정보화(정보화)) | 1,680,049 | 정보화담당관 | 1 | 6 | 4 | 2 | 2 | 1 | 1 | 4 |
| 735 | 법무부 | 사이버교육시스템 및 전산장비 유지보수 사업(법무행정정보화(정보화)) | 576,590 | 정보화담당관 | 1 | 6 | 7 | 2 | 2 | 5 | 5 | 4 |
| 736 | 법무부 | 특정경제사범관리시스템 유지관리(법무행정정보화(정보화)) | 146,160 | 정보화담당관 | 1 | 6 | 4 | 1 | 1 | 1 | 1 | 4 |
| 737 | 법무부 | 형사사법정보시스템(KICS)유지관리사업(법무행정정보화(정보화)) | 1,600,657 | 정보화담당관 | 1 | 6 | 4 | 3 | 3 | 5 | 5 | 4 |
| 738 | 법무부 | 범죄예방정보시스템 유지관리 용역(법무행정정보화(정보화)) | 1,223,160 | 정보화담당관 | 1 | 6 | 4 | 3 | 7 | 1 | 1 | 4 |
| 739 | 법무부 | 통합의료정보시스템 유지관리 용역(법무행정정보화(정보화)) | 359,150 | 정보화담당관 | 1 | 6 | 7 | 8 | 7 | 1 | 1 | 4 |
| 740 | 법무부 | 교정행정보시스템 통합유지관리(법무행정정보화(정보화)) | 3,537,610 | 정보화담당관 | 1 | 6 | 4 | 3 | 7 | 5 | 5 | 4 |
| 741 | 법무부 | 형사사법정보시스템유지관리사업 | 3,703,000 | 형사사법공통시스템운영단 | 1 | 6 | 4 | 2 | 7 | 1 | 1 | 1 |
| 742 | 법무부 | 형사사법공통시스템사용자지원센터위탁관리운영사업 | 1,383,000 | 형사사법공통시스템운영단 | 1 | 6 | 4 | 1 | 2 | 1 | 1 | 4 |
| 743 | 법무부 | 법무부 기록관 시설용합관리용역(법무부 기록관 운영) | 530,000 | 형사사법공통시스템운영단 | 1 | 6 | 4 | 8 | 7 | 5 | 5 | 4 |
| 744 | 법무부 | 출입국외국인정보시스템 운영사업 | 75,000 | 운영지원과 | 1 | 7 | 1 | 8 | 7 | 1 | 1 | 1 |
| 745 | 법무부 | 사이버교육시설장비유지관리 및 운영사업 | 13,042,587 | 총무과 | 1 | 1 | 4 | 8 | 7 | 5 | 5 | 4 |
| 746 | 법제처 | 찾기쉬운 생활법령정보서비스 | 1,253,411 | 홍보담당관 | 2 | 1 | 4 | 1 | 2 | 1 | 1 | 1 |
| 747 | 법제처 | 법령정보관리업무 민간위탁 | 1,960,512 | 법령정보처리과 | 2 | 1 | 4 | 1 | 7 | 1 | 1 | 1 |
| 748 | 법제처 | 세계법제정보센터 운영 및 활성화 | 1,431,000 | 법제통합심의관 | 2 | 1 | 4 | 1 | 7 | 1 | 1 | 1 |
| 749 | 소방청 | 소방정보시스템(전산) 유지 | 4,621,000 | 정보화과 | 1 | 7 | 7 | 8 | 7 | 5 | 5 | 4 |
| 750 | 소방청 | 중앙소방학교교수인대체경비 | 635,000 | 중앙소방학교 | 1 | 1 | 7 | 8 | 7 | 5 | 5 | 4 |
| 751 | 소방청 | 전국 소방헬기 통합관리 운영지원 | 80,000 | 소방항공과 | 1 | 1 | 7 | 8 | 7 | 5 | 5 | 4 |
| 752 | 소방청 | 소방안전교육 | 18,000 | 생활안전과 | 1 | 8 | 7 | 8 | 7 | 5 | 5 | 4 |
| 753 | 소방청 | 소방 무선통신구축운영 | 229,000 | 정보통신과 | 1 | 7 | 7 | 8 | 7 | 5 | 5 | 4 |
| 754 | 소방청 | 소방행정 정보화(정보화) | 1,282,000 | 정보통신과 | 1 | 8 | 7 | 8 | 7 | 5 | 5 | 4 |
| 755 | 소방청 | 중앙소방학교운영 | 514,000 | 중앙소방학교 | 1 | 1 | 7 | 8 | 7 | 5 | 5 | 4 |
| 756 | 소방청 | 소방교육운영운영 | 667,000 | 중앙소방학교 | 1 | 1 | 7 | 8 | 7 | 5 | 5 | 4 |
| 757 | 소방청 | 119구조견양성및운영 | 13,000 | 중앙119구조본부 | 1 | 8 | 7 | 8 | 7 | 5 | 5 | 4 |

| 순번 | 기관명 | 지출명 (사업명) | 2024년 예산 (단위:천원/1년간) | 담당부서 | 민간위탁 분류 (2023년 예산및기금운용계획집행지침에 의거) 1.관리용역(210-15목) 2.민간위탁사업(320-02목) 3.법정민간대행사업(320-08목) | 민간위탁 근거 1.법률에 규정 2.국고보조 재원(국가지창) 3.용도 지정 기부금 4.시행규칙 및 훈령 규정 5.국가가 권장하는 사업을 하는 공공기관 6.국가 정책 등 개별사정 7.기타 8.해당없음 | 계약체결방식 1.일반경쟁 2.제한경쟁 3.지명경쟁 4.수의계약 5.법정위탁 6.기타() 7.해당없음 | 입찰방식 계약기간 1.1년 2.2년 3.3년 4.4년 5.5년 6.기타() 7.단가계약 (1년미만) 8.해당없음 | 낙찰자선정방식 1.최저입찰 2.적격심사계약 3.최저가경쟁 4.규격가격분리 5.협상에 의한입찰 6.기타() 7.해당없음 | 운영예산 산정 운영예산 산정 (부서 기재결정후 산정) 1.외부사정 2.외부사정 (외부전문기관위탁 산정) 3.내부와 모두 산정 4.산정無 5.해당없음 | 정원산정 1.내부산정 (부서 내부결정으로 산정) 2.외부사정 (외부전문기관위탁 정원) 3.내부와 모두 산정 4.정산無 5.해당없음 | 성과평가 실시여부 1.실시 2.미실시 3.향후 추진 4.해당없음 |
|---|---|---|---|---|---|---|---|---|---|---|---|---|
| 758 | 소방청 | 120구조안전맞춤운영 | 7,000 | 중앙119구조본부 | 1 | 1 | 7 | 8 | 7 | 5 | 5 | 4 |
| 759 | 소방청 | 121구조안전맞춤운영 | 7,000 | 중앙119구조본부 | 1 | 1 | 7 | 8 | 7 | 5 | 5 | 4 |
| 760 | 소방청 | 122구조안전맞춤운영 | 36,000 | 중앙119구조본부 | 1 | 1 | 7 | 8 | 7 | 5 | 5 | 4 |
| 761 | 소방청 | 123구조안전맞춤운영 | 26,000 | 중앙119구조본부 | 1 | 8 | 7 | 8 | 7 | 5 | 5 | 4 |
| 762 | 소방청 | 124구조안전맞춤운영 | 10,000 | 중앙119구조본부 | 1 | 8 | 7 | 8 | 7 | 5 | 5 | 4 |
| 763 | 소방청 | 중앙119특수구조대지원 | 291,000 | 중앙119구조본부 | 1 | 8 | 7 | 8 | 7 | 5 | 5 | 4 |
| 764 | 소방청 | 화학재난합동방재센터시설장비지원 | 2,000 | 중앙119구조본부 | 1 | 1 | 7 | 8 | 7 | 5 | 5 | 4 |
| 765 | 소방청 | 국립소방연구원운영 | 36,000 | 국립소방연구원 | 1 | 7 | 7 | 8 | 7 | 5 | 5 | 4 |
| 766 | 소방청 | 소방기술기준 연구강화 | 30,000 | 국립소방연구원 | 1 | 7 | 7 | 8 | 7 | 5 | 5 | 4 |
| 767 | 소방청 | 화재조사 과학화 지원 | 20,000 | 국립소방연구원 | 1 | 7 | 7 | 8 | 7 | 5 | 5 | 4 |
| 768 | 소방청 | 119종합상황관리 | 382,000 | 119종합상황실 | 1 | 7 | 7 | 8 | 7 | 5 | 5 | 4 |
| 769 | 소방청 | 소방장비기준규격개발 | 390,000 | 장비총괄과 | 2 | 1 | 7 | 8 | 7 | 5 | 5 | 4 |
| 770 | 소방청 | 소방안전 빅데이터 플랫폼 민간위탁 운영 | 1,100,000 | 소방분석제도과 | 2 | 7 | 1 | 1 | 2 | 3 | 1 | 1 |
| 771 | 식품의약품안전처 | 한국식품안전관리인증원 지원 | 27,164,000 | 식품안전인증과 | 2 | 1 | 5 | 1 | 7 | 1 | 2 | 4 |
| 772 | 식품의약품안전처 | 식품안전정보원 운영 | 9,964,000 | 식품안전정책과 | 2 | 1 | 7 | 8 | 7 | 5 | 5 | 1 |
| 773 | 식품의약품안전처 | 농수산물 안전관리 | 278,000 | 농수산물안전정책과 | 2 | 1 | 1 | 1 | 2 | 1 | 2 | 4 |
| 774 | 식품의약품안전처 | 식중독 예방 및 관리 | 1,798,000 | 식중독예방과 | 2 | 1 | 5 | 1 | 7 | 5 | 5 | 1 |
| 775 | 식품의약품안전처 | 수입식품 안전관리 | 880,000 | 수입유통안전과 | 2 | 1 | 7 | 8 | 7 | 1 | 2 | 4 |
| 776 | 식품의약품안전처 | 수입식품 전자 안전관리 | 907,000 | 현지실사과 | 2 | 1 | 5 | 1 | 7 | 5 | 5 | 1 |
| 777 | 식품의약품안전처 | 한국의약품안전관리원 지원 | 5,044,000 | 의약품안전평가과 | 2 | 1 | 7 | 8 | 7 | 5 | 5 | 4 |
| 778 | 식품의약품안전처 | 임상시험 안전기준 강화 | 1,305,000 | 임상정책과 | 2 | 1 | 4 | 1 | 2 | 1 | 2 | 1 |
| 779 | 식품의약품안전처 | 의약품 인허가 규제 국제협력 및 경쟁력 강화 | 106,000 | 의약품정책과 | 2 | 1 | 2 | 1 | 2 | 1 | 2 | 1 |
| 780 | 식품의약품안전처 | 바이오의약품 국제 경쟁력 강화 | 860,000 | 바이오의약품정책과 (첨단바이오의약품과) | 2 | 1 | 5 | 1 | 7 | 5 | 5 | 4 |
| 781 | 식품의약품안전처 | 의약품 안전관리 강화 | 160,000 | 의약품정책과 | 2 | 1 | 4 | 1 | 7 | 5 | 5 | 4 |
| 782 | 식품의약품안전처 | 마약류 안전관리 | 430,000 | 마약정책과 | 2 | 1 | 5 | 1 | 7 | 5 | 5 | 4 |
| 783 | 식품의약품안전처 | 마약퇴치운동본부 지원 | 381,000 | 마약정책과 | 2 | 1 | 7 | 8 | 7 | 5 | 5 | 4 |
| 784 | 식품의약품안전처 | 한국의료기기안전정보원 지원 | 7,388,000 | 의료기기정책과 | 2 | 1 | 5 | 1 | 7 | 1 | 2 | 4 |
| 785 | 식품의약품안전처 | 희소·긴급 도입필요 의료기기 공급 | 1,775,000 | 의료기기정책과 | 2 | 1 | 5 | 1 | 7 | 5 | 5 | 4 |
| 786 | 식품의약품안전처 | 의료기기 안전관리체계 구축 | 936,128 | 의료기기정책과 | 3 | 1 | 4 | 1 | 7 | 1 | 2 | 4 |
| 787 | 식품의약품안전처 | 혁신의료기기 등 지원 및 관리체계 구축 | 586,000 | 혁신진단기기정책과 | 2 | 1 | 5 | 1 | 7 | 5 | 5 | 4 |
| 788 | 식품의약품안전처 | 연구개발사업 관리(R&D) | 1,200,000 | 기획조정관 | 2 | 1 | 7 | 8 | 7 | 5 | 5 | 4 |
| 789 | 식품의약품안전처 | 식약류 안전정보체계 선진화(정보화) | 5,197,000 | 정보화담당관 | 2 | 1 | 7 | 8 | 7 | 1 | 1 | 4 |
| 790 | 식품의약품안전처 | 마약류통합관리시스템 구축 및 운영(정보화) | 6,947,000 | 마약관리과 | 2 | 1 | 5 | 1 | 7 | 1 | 1 | 4 |
| 791 | 식품의약품안전처 | 인허가 심사지원 등 | 895,000 | 기획조정관 | 2 | 6 | 1 | 1 | 2 | 1 | 1 | 4 |
| 792 | 여성가족부 | 여성가족부 정보화추진(정보화) | 4,662,000 | | 1 | 8 | 7 | 8 | 7 | 5 | 5 | 4 |
| 793 | 여성가족부 | 여성인재 양성 및 사회참여 확대 | 156,000 | | 1 | 8 | 7 | 8 | 7 | 5 | 5 | 4 |
| 794 | 여성가족부 | 여성폭력방지정책 추진기반 구축 | 335,000 | | 1 | 8 | 7 | 8 | 7 | 5 | 5 | 4 |
| 795 | 여성가족부 | 전산장비 | 38,000 | | 1 | 8 | 7 | 8 | 7 | 5 | 5 | 4 |
| 796 | 여성가족부 | 청소년수련시설 운영지원 | 79,000 | | 2 | 8 | 7 | 8 | 7 | 5 | 5 | 4 |
| 797 | 여성가족부 | 청소년 사회안전망구축 | 3,168,000 | | 2 | 8 | 7 | 8 | 7 | 5 | 5 | 4 |

| 순번 | 기관명 | 지출명 (사업명) | 2024년 예산 (단위:천원/1년간) | 담당부서 | 민간이전 분류 (2023년 예산집행지침에 의거) 1.관리운영비(210-15목) 2.민간위탁사업(320-02목) 3.법정민간대행사업(320-08목) | 민간이전 근거 1.법률에 규정 2.국고보조 재원(국가지자) 3.용도 지정 기부금 4.시행규칙 및 운영 규정 5.국가가 공공복지 사업 등 하는 공공기관 6.국가 정책 및 재정사항 7.기타 8.해당없음 | 계약체결 방식 1.일반경쟁 2.제한경쟁 3.지명경쟁 4.수의계약 5.법정위탁 6.기타 7.해당없음 | 입찰방식 계약기간 1.1년 2.2년 3.3년 4.4년 5.5년 6.기타 7.단기계약 8.해당없음 | 낙찰자선정방법 1.적격심사 2.협상에의한계약 3.최저가낙찰 4.국가가낙찰 5.2단계 경쟁입찰 6.기타() 7.해당없음 | 운영예산 편성 1.내부편성 2.외부편성 3.외부전문기관에 신청 4.신청 등 5.해당없음 | 정산방법 (부서 내부적으로 정산) 1.내부정산 2.외부정산 (외부전문기관에 정산) 3.내외부 모두 정산 4.정산 無 5.해당없음 | 성과평가 실시여부 1.실시 2.미실시 3.향후 추진 4.해당없음 |
|---|---|---|---|---|---|---|---|---|---|---|---|---|
| 798 | 여성가족부 | 청소년자료제활센터 운영 | 10,304,000 | | 2 | 8 | 7 | 8 | 7 | 5 | 5 | 4 |
| 799 | 여성가족부 | 글로벌 여성리더 포럼 | 50,000 | | 2 | 8 | 7 | 8 | 7 | 5 | 5 | 4 |
| 800 | 여성가족부 | 여성정책연구기반구축 | 220,000 | | | 8 | 7 | 8 | 7 | 5 | 5 | 4 |
| 801 | 여성가족부 | 성인지정책분석·평가 운영 | 3,452,990 | | 2 | 8 | 7 | 8 | 7 | 5 | 5 | 4 |
| 802 | 여성가족부 | 양성평등문화확산 | 710,000 | | 2 | 8 | 7 | 8 | 7 | 5 | 5 | 4 |
| 803 | 여성가족부 | 한국양성평등교육진흥원지원 | 905,000 | | 2 | 8 | 7 | 8 | 7 | 5 | 5 | 4 |
| 804 | 여성가족부 | 여성계 양성 및 사회참여 확대 | 230,000 | | 2 | 8 | 7 | 8 | 7 | 5 | 5 | 4 |
| 805 | 여성가족부 | 여성폭력방지정책 추진기반 지원 | 150,000 | | 2 | 8 | 7 | 8 | 7 | 5 | 5 | 4 |
| 806 | 여성가족부 | 인신매매방지 및 피해자지원 | 180,000 | | 2 | 8 | 7 | 8 | 7 | 5 | 5 | 4 |
| 807 | 여성가족부 | 성범죄자 신상공개 및 청소년 성보호활동 지원 | 808,000 | | 2 | 8 | 7 | 8 | 7 | 5 | 5 | 4 |
| 808 | 여성가족부 | 청소년정책 추진기반 구축 | 321,000 | | 2 | 8 | 7 | 8 | 7 | 5 | 5 | 4 |
| 809 | 여성가족부 | 청소년 유해환경 개선 및 피해예방 | 6,439,000 | | 2 | 8 | 7 | 8 | 7 | 5 | 5 | 4 |
| 810 | 여성가족부 | 가족역량강화 지원 | 492,000 | | 2 | 8 | 7 | 8 | 7 | 5 | 5 | 4 |
| 811 | 여성가족부 | 가족정책 추진기반 구축 | 2,415,000 | | 2 | 8 | 7 | 8 | 7 | 5 | 5 | 4 |
| 812 | 여성가족부 | 아이돌봄지원 | 1,249,000 | | 2 | 8 | 7 | 8 | 7 | 5 | 5 | 4 |
| 813 | 여성가족부 | 성매매방지 및 피해자 지원 | 152,000 | | 2 | 8 | 7 | 8 | 7 | 5 | 5 | 4 |
| 814 | 여성가족부 | 가정폭력·성폭력 방지 및 피해자 지원 | 1,690,000 | | 2 | 8 | 7 | 8 | 7 | 5 | 5 | 4 |
| 815 | 여성가족부 | 건강가정 및 다문화가족 지원 | 575,000 | | 2 | 8 | 7 | 8 | 7 | 5 | 5 | 4 |
| 816 | 여성가족부 | 여성역량개발 촉진지원 | 1,385,000 | | 2 | 8 | 7 | 8 | 7 | 5 | 5 | 4 |
| 817 | 원자력안전위원회 | 공항만 방사선감시기 운영 | 1,157,000 | 생활방사선안전과 | 2 | 1 | 5 | 8 | 7 | 1 | 5 | 4 |
| 818 | 중소벤처기업부 | 연수사업 | 7,110,000 | 인력정책과 | 1 | 1,2 | 7 | 8 | 7 | 5 | 5 | 4 |
| 819 | 중소벤처기업부 | 일자리매칭플랫폼 운영 및 유지보수(기업인력애로센터 활용 취업지원) | 480,000 | 인력정책과 | 1 | 8 | 2 | 6 | 2 | 2 | 1 | 1 |
| 820 | 중소벤처기업부 | 중소기업해외시장진출(수출인소사업) | 15,851 | 글로벌성장정책과 | 2 | 5 | 5 | 1 | 7 | 1 | 1 | 1 |
| 821 | 중소벤처기업부 | 중소기업해외시장진출(대중소기업동반진출) | 16,851,000 | 글로벌성장정책과 | 2 | 1 | 7 | 8 | 7 | 1 | 3 | 4 |
| 822 | 중소벤처기업부 | 중소기업해외시장진출(수출지원센터) | 45,000 | 글로벌성장정책과 | 1 | 1 | 4 | 1 | 4 | 1 | 5 | 4 |
| 823 | 중소벤처기업부 | 국가협력상담기반구축 | 5,000 | 국제통상협력과 | 1 | 5 | 5 | 1 | 5 | 1 | 1 | 1 |
| 824 | 중소벤처기업부 | 정책기반(주사) | 3,231,369 | 규제개혁법무담당관 | 2 | 1 | 6 | 1 | 6 | 1 | 1 | 4 |
| 825 | 중소벤처기업부 | 중소기업 규제영향평가 | 694,000 | 규제개혁법무담당관 | 1 | 7 | 1 | 3 | 1 | 1 | 3 | 4 |
| 826 | 통일부 | DMZ 평화적 이용(DMZ종합시스템 유지관리) | 473,705 | 남북회담관리단 | 1 | 7 | 2 | 1 | 2 | 1 | 1 | 1 |
| 827 | 통일부 | DMZ 평화적 이용(판문점 건화 홈페이지 관리 운영) | 477,058 | 남북회담관리단 | 1 | 7 | 2 | 1 | 2 | 1 | 4 | 4 |
| 828 | 통일부 | 개성공단 전자문결시스템 운영 | 246,840 | 남북회담관리단 | 1 | 1 | 2 | 1 | 2 | 5 | 1 | 1 |
| 829 | 통일부 | 통일부 정보화(정보보호)(남북교류협력시스템) | 1,005,000 | 남북회담관리단 | 1 | 1 | 2 | 2 | 2 | 1 | 1 | 4 |
| 830 | 통일부 | 통일부 정보화(정보보호)(남북회관리단 홈페이지 및 사료 시스템) | 202,000 | 남북회담관리단 | 1 | 1 | 2 | 1 | 2 | 1 | 1 | 1 |
| 831 | 통일부 | 정보기반(주사) | 807,001 | 남북회담관리단 | 2 | 1 | 6 | 6 | 6 | 1 | 3 | 1 |
| 832 | 통일부 | 남북출입사무소시설운영 | 977,000 | 남북회담관리단 | 1 | 1 | 1 | 3 | 1 | 1 | 1 | 3 |
| 833 | 통일부 | 남북협력기반 시설운영 | 8,400 | 남북회담관리단 | 1 | 1 | 4 | 1 | 7 | 1 | 1 | 1 |
| 834 | 통일부 | 통일교육 지원체계 구축 및 운영 | 1,461,000 | 국립통일교육원 | 1 | 1 | 1 | 2 | 2 | 5 | 4 | 4 |
| 835 | 통일부 | 사이버통일교육 내실화 | 1,005,000 | 국립통일교육원 | 1 | 6 | 1 | 1 | 1 | 1 | 1 | 4 |
| 836 | 통일부 | 사이버통일교육센터운영(정보화) | 422,000 | 국립통일교육원 | 1 | 1 | 2 | 2 | 2 | 1 | 1 | 4 |
| 837 | 통일부 | 북한인권기록센터 운영 | 3,000 | 북한인권기록센터 | 1 | 1 | 4 | 1 | 7 | 1 | 1 | 4 |
| 838 | 통일부 | 북한인권정보시스템 운영(정보화)(보호) | 380,000 | 북한인권기록센터 | 1 | 1 | 1 | 1 | 2 | 1 | 1 | 4 |

| 순번 | 기관명 | 지출명(사업명) | 2024년 예산(단위:천원/1년간) | 담당부서 | 민간이전 분류 (2023년 예산편성기금운용계획집행지침에 의거) 1.관리용역 (210-15목) 2.민간위탁사업비 (320-02목) 3.법정민간대행사업 (320-08목) | 민간이전지출 근거 1.법률에 규정 2.국고보조금(국가지정) 3.용도 지정 기부금 4.시행규칙 및 운영 규정 5.국가가 권장하는 사업을 하는 공공기관 6.국가 정책 및 재정사정 7.기타 8.해당없음 | 계약체결방식(공통항목) 1.일반경쟁 2.제한경쟁 3.지명경쟁 4.수의계약 5.민간위탁 6.기타() 7.해당없음 | 입찰방식 계약기간 1.1년 2.2년 3.3년 4.4년 5.5년 6.기타() 7.단기계약(1년이만) 8.해당없음 | 낙찰자선정방법 1.적격심사 2.협상에의한계약 3.회계자낙찰 4.규격가격분리 5.2단계 경쟁입찰 6.기타() 7.해당없음 | 운영예산 산정 1.내부산정 (부서 자체적으로 산정) 2.외부산정 3.내·외부 경영위에 산정 4.산정불 5.해당없음 | 정산법 (부서 내부적으로 정산) 2.외부산정 3.외부전문기관에서 정산 4.내·외부 모두 정산 4.정산불 5.해당없음 | 성과평가 실시여부 1.실시 2.미실시 3.향후 추진 4.해당없음 |
|---|---|---|---|---|---|---|---|---|---|---|---|---|
| 838 | 통일부 | 한반도통일미래센터 운영 | 125,880 | 한반도통일미래센터 | 1 | 1 | 4 | 1 | 7 | 1 | 1 | 4 |
| 839 | 통일부 | 정세분석 역량 강화 | 368,000 | 정보분석국 | 1 | 1 | 1 | 1 | 2 | 1 | 1 | 4 |
| 840 | 통일부 | 정세분석 역량 강화 | 64,000 | 정보분석국 | 1 | 1 | 2 | 1 | 2 | 1 | 1 | 4 |
| 841 | 통일부 | 북한정보 빅데이터 및 인공지능 구축 | 1,775,000 | 정보분석국 | 1 | 1 | 2 | 1 | 7 | 1 | 1 | 4 |
| 842 | 통일부 | 북한자료센터 운영 | 8,000 | 정보분석국 | 1 | 1 | 4 | 1 | 2 | 1 | 1 | 2 |
| 843 | 통일부 | 통일부적북조회(초록)북한자료통제점 검시스템 | 33,000 | 정보분석국 | 1 | 1 | 4 | 1 | 7 | 1 | 1 | 4 |
| 844 | 통일부 | 6.25전쟁납북자기념관 운영 | 22,000 | 교류협력국 | 1 | 1 | 4 | 1 | 7 | 1 | 1 | 4 |
| 845 | 통일부 | 북한이탈주민 종합관리시스템 구축 및 운영(정보화) | 523,000 | 인권관리단 | 1 | 1 | 2 | 1 | 2 | 1 | 1 | 1 |
| 846 | 통일부 | 이산가족교류지원 | 5,056,000 | 인권관리단 | 3 | 1 | 2,5 | 1 | 2,7 | 1 | 1 | 1 |
| 847 | 통일부 | 이산가족정보통합시스템 운영(정보화) | 332,337 | 인권관리단 | 1 | 1 | 2 | 1 | 2 | 1 | 4 | 1 |
| 848 | 통일부 | 북한이탈주민 정책 및 지원체계 운영 | 5,253,100 | 인권관리단 | 1 | 1 | 4 | 2 | 7 | 1 | 5 | 4 |
| 849 | 통일부 | 북한이탈주민 정책 및 지원체계 운영 | 37,190 | 인권관리단 | 1 | 1 | 2 | 2 | 2 | 1 | 1 | 4 |
| 850 | 통일부 | 북한이탈주민 정책 및 지원체계 운영 | 2,223,000 | 인권관리단 | 2 | 7 | 2 | 2 | 6 | 1 | 3 | 1 |
| 851 | 통일부 | 민생협력지원 | 763,000 | 교류국 | 2 | 1 | 6 | 6 | 6 | 1 | 1 | 1 |
| 852 | 통일부 | 보 전산운영경비(정보화) | 971,720 | 기획조정실 | 1 | 1 | 2 | 1 | 2 | 1 | 1 | 4 |
| 853 | 통일부 | 사이버안전센터 운영(정보화) | 2,084,000 | 기획조정실 | 1 | 1 | 2 | 1 | 2 | 1 | 1 | 4 |
| 854 | 통일부 | 사이버안전센터 운영(정보화) | 517,000 | 기획조정실 | 1 | 1 | 2 | 1 | 2 | 1 | 1 | 4 |
| 855 | 통일부 | 통일정책추진 | 20,000 | 통일정책실 | 1 | 7 | 4 | 1 | 7 | 5 | 5 | 4 |
| 856 | 통일부 | 대표홈페이지 유지관리(국내통 일기반조성) | 181,200 | 통일정책담당관 | 1 | 1 | 2 | 1 | 2 | 1 | 1 | 1 |
| 857 | 통일부 | 방송홈페이지 유지관리(국내통 일기반조성) | 15,000 | 통일정책담당관 | 1 | 1 | 4 | 1 | 7 | 1 | 5 | 4 |
| 858 | 통일부 | 통일플러스센터 통합홈페이지 유지관리(국내통 일기반조성) | 50,000 | 통일협력단 | 1 | 7 | 7 | 8 | 7 | 5 | 5 | 4 |
| 859 | 통일부 | 통일정책 국민 협의체 성 홈페이지 유지관리(국내통 일기반조성) | 12,000 | 통일협력단 | 1 | 7 | 7 | 8 | 7 | 5 | 5 | 4 |
| 860 | 통일부 | 수방 | 8,400 | 하나원 | 1 | 1 | 4 | 1 | 2 | 1 | 1 | 2 |
| 861 | 통일부 | 승강기점검 | 10,824 | 하나원 | 1 | 1 | 4 | 2 | 2 | 1 | 1 | 2 |
| 862 | 통일부 | 오수정점검 | 19,200 | 하나원 | 1 | 1 | 4 | 1 | 2 | 1 | 1 | 2 |
| 863 | 통일부 | 북한이탈주민교육운영(경비업무 외부위탁) | 3,197,000 | 하나원 | 1 | 1 | 1 | 3 | 1 | 1 | 1 | 3 |
| 864 | 통일부 | 의료장비유지보수 | 3,700 | 하나원 | 1 | 2 | 4 | 1 | 7 | 1 | 1 | 1 |
| 865 | 통일부 | 북한이탈주민교육운영 | 14,400 | 제2하나원 | 1 | 1 | 4 | 1 | 7 | 1 | 5 | 4 |
| 866 | 통일부 | 북한이탈주민교육운영 | 6,000 | 제2하나원 | 1 | 1 | 4 | 1 | 7 | 1 | 5 | 4 |
| 867 | 통일부 | 북한이탈주민교육운영 | 7,200 | 제2하나원 | 1 | 1 | 4 | 1 | 7 | 1 | 5 | 4 |
| 868 | 통일부 | 북한이탈주민교육운영 | 66,500 | 제2하나원 | 1 | 1 | 4 | 2 | 2 | 1 | 5 | 4 |
| 869 | 통일부 | 북한이탈주민교육운영 | 9,000 | 제2하나원 | 6 | 1 | 4 | 1 | 3 | 1 | 1 | 4 |
| 870 | 통일부 | 북한이탈주민교육운영 | 9,480 | 제2하나원 | 6 | 1 | 4 | 1 | 3 | 1 | 1 | 4 |
| 871 | 통일부 | 북한이탈주민교육운영 | 6,600 | 제2하나원 | 6 | 1 | 4 | 1 | 3 | 1 | 1 | 4 |
| 872 | 통일부 | 북한이탈주민교육운영 | 6,000 | 제2하나원 | 6 | 1 | 4 | 1 | 3 | 1 | 1 | 4 |
| 873 | 통일부 | 북한이탈주민교육운영 | 22,000 | 제2하나원 | 6 | 1 | 4 | 1 | 3 | 1 | 1 | 4 |
| 874 | 통일부 | 북한이탈주민교육운영 | 5,160 | 제2하나원 | 6 | 1 | 4 | 1 | 7 | 1 | 1 | 4 |
| 875 | 통일부 | 북한이탈주민교육운영 | 15,840 | 제2하나원 | 1 | 1 | 4 | 1 | 7 | 1 | 1 | 2 |
| 876 | 통일부 | 북한이탈주민교육운영 | 4,752 | 제2하나원 | 1 | 1 | 4 | 1 | 7 | 1 | 1 | 2 |
| 877 | 통일부 | 북한이탈주민교육운영 | 3,960 | 제2하나원 | 1 | 1 | 4 | 1 | 7 | 1 | 1 | 2 |

| 순번 | 기관명 | 지출명 (사업명) | 2024년 예산 (단위:천원/1년간) | 담당부서 | 민간위탁 분류 (2023년 예산집행기준운용계획집행지침에 의거) 1.관리용역비(210-15목) 2.민간위탁사업비(320-02목) 3.법정민간대행사업비(320-08목) | 민간위탁 근거 1.법률에 규정 2.국고보조 재원(국가지침) 3.용도 지정 기부금 4.시행령 및 훈령 기부금 5.국가가 관장하는 사업을 하는 공공기관 6.국가 정책 및 제정사항 7.기타 8.해당없음 | 계약체결방법 (경쟁형태) 1.일반경쟁 2.제한경쟁 3.지명경쟁 4.수의계약 5.법령계약 6.기타 7.해당없음 | 계약기간 1.1년 2.2년 3.3년 4.4년 5.5년 6.기타(1년이하) 7.단기계약 (1년이하) 8.해당없음 | 낙찰자선정방법 1.적격심사 2.협상에의한계약 3.최저가격계약 4.규격가격분리 5.2단계경쟁입찰 6.기타() 7.해당없음 | 운영예산 산정 1.내부산정 (부서 자체적으로 산정) 2.외부산정 3.단기가반기관에의뢰산정 4.산정書 5.해당없음 | 정산방법 1.내부정산 (부서 내부적으로 정산) 2.외부정산 (외부전문기관에의정산) 3.내외부 모두 선정 4.정산書 5.해당없음 | 성과평가 실시여부 1.실시 2.미실시 3.향후 추진 4.해당없음 |
|---|---|---|---|---|---|---|---|---|---|---|---|---|
| 878 | 통일부 | 통일업무지원(통일사료아카이브시스템 유지보수) | 16,000 | 기획조정실 | 1 | 2 | 4 | 1 | 7 | 1 | 1 | 4 |
| 879 | 특허청 | 특허 심사지원(전용지사 DB 구축) | 148,000 | 산업재산데이터관리과 | 1 | 7 | 7 | 8 | 7 | 5 | 5 | 4 |
| 880 | 특허청 | 심판관리지원(심판원 이전) | 133,000 | 심판정책과 | 1 | 7 | 7 | 8 | 7 | 5 | 5 | 4 |
| 881 | 특허청 | 특허고객서비스지원(특허고객상담센터 운영) | 3,859,000 | 등록과 | 2 | 1 | 7 | 8 | 7 | 5 | 5 | 4 |
| 882 | 특허청 | 발명장려활동 조성(발명인의전당 운영) | 113,000 | 지역산업재산과 | 1 | 7 | 7 | 8 | 7 | 5 | 5 | 4 |
| 883 | 특허청 | 발명장려활동 조성(직무발명활성화) | 454,000 | 산업재산정책과 | 2 | 1 | 4 | 1 | 7 | 3 | 1 | 1 |
| 884 | 특허청 | 대학(원) 및 실무형 IP인재 양성(변리사제도 운영) | 99,000 | 산업재산인력과 | 2 | 1 | 7 | 8 | 7 | 5 | 5 | 4 |
| 885 | 특허청 | 지식재산 디지털 교육 | 793,000 | 교육기획과 | 1 | 1 | 7 | 8 | 7 | 5 | 5 | 4 |
| 886 | 특허청 | 특허정보활용 인프라 구축(정보화) | 3,919,000 | 산업재산데이터관리과 | 1 | 1 | 7 | 8 | 7 | 5 | 5 | 4 |
| 887 | 특허청 | 지식재산 활용(사업화, 거래, 평가) 지원(아이디어 거래지원) | 980,000 | 아이디어경제책연신실 | 1 | 8 | 7 | 8 | 7 | 5 | 5 | 4 |
| 888 | 특허청 | 지식재산 활용(사업화, 거래, 평가) 지원(지식재산 평가 지원) | 2,200,000 | 산업재산활용과 | 2 | 1 | 7 | 8 | 7 | 5 | 5 | 4 |
| 889 | 특허청 | 지식재산 활용(사업화, 거래, 평가) 지원(지식재산 활용화 IP 인프라 구축) | 940,000 | 산업재산활용과 | 2 | 1 | 7 | 8 | 7 | 5 | 5 | 4 |
| 890 | 특허청 | 지식재산 활용(사업화, 거래, 평가) 지원(민관협력 IP 전략지원) | 2,100,000 | 아이디어경제책연신실 | 1 | 1 | 7 | 8 | 7 | 5 | 5 | 4 |
| 891 | 특허청 | 정보시스템 구축 및 운영(정보화) | 21,809,000 | 정보고정책과 | 1 | 1 | 7 | 8 | 7 | 5 | 5 | 4 |
| 892 | 특허청 | 해외 지식재산권 보호활동 강화 | 18,622,000 | 산업재산보호대응과 | 2 | 1 | 7 | 8 | 7 | 5 | 5 | 4 |
| 893 | 특허청 | 국내 지식재산권 보호활동 강화 | 11,479,000 | 산업재산보호정책과 | 2 | 1 | 7 | 8 | 7 | 5 | 5 | 4 |
| 894 | 해양경찰청 | 해양경찰정보시설유지지원 | 1,733,000 | 운영지원과 | 2 | 1 | 5 | 5 | 7 | 2 | 2 | 1 |
| 895 | 행정중심복합도시건설청 | 행정정보시스템 고도화 | 504,000 | 도시정책과 | 1 | 1 | 2 | 1 | 2 | 1 | 1 | 1 |
| 896 | 행정중심복합도시건설청 | 2024년 행정중심복합도시건설청 사무기기 유지보수 용역 | 102,000 | 운영지원과 | 1 | 1 | 2 | 1 | 2 | 1 | 1 | 1 |
| 897 | 행정중심복합도시건설청 | 2024년 RFID 물품관리시스템 유지보수 용역 | 4,950 | 운영지원과 | 1 | 1 | 4 | 1 | 7 | 1 | 1 | 1 |

# KCOI 발간도서 소개

## 민간위탁 통계

**KCOMI 통계**
**2023 전국 지방자치단체 민·관 협업사무 운영 현황 I**
민간경상사업보조(307-02)
민간단체법정운영비보조(307-03)
민간행사사업보조(307-04)

본 도서는 전국 17개 광역자치단체를 포함한 243개 지방자치단체의 2021년 민관 협업사무 운영 현황으로서 국내에서 유일하게 전국 민관 협업사무 운영 현황을 파악할 수 있는 자료이다. 해당 시리즈는 총 3권으로 제작되었다.

배성기 지음
한국민간위탁경영구소
2023년 2월 출간

**KCOMI 통계**
**2023 전국 지방자치단체 민·관 협업사무 운영 현황 II**
민간위탁금(307-05)
사회복지시설법정운영비보조(307-10)
민간인위탁교육비(307-12)
공기관등에대한경상적대행사업비(308-10)

본 도서는 전국 17개 광역자치단체를 포함한 243개 지방자치단체의 2021년 민관 협업사무 운영 현황으로서 국내에서 유일하게 전국 민관 협업사무 운영 현황을 파악할 수 있는 자료이다. 해당 시리즈는 총 3권으로 제작되었다.

배성기 지음
한국민간위탁경영구소
2023년 2월 출간

**KCOMI 통계**
**2023 전국 지방자치단체 민·관 협업사무 운영 현황 III**
민간경상사업보조(307-02)
민간단체법정운영비보조(307-03)
민간행사사업보조(307-04)

본 도서는 전국 17개 광역자치단체를 포함한 243개 지방자치단체의 2021년 민관 협업사무 운영 현황으로서 국내에서 유일하게 전국 민관 협업사무 운영 현황을 파악할 수 있는 자료이다. 해당 시리즈는 총 3권으로 제작되었다.

배성기 지음
한국민간위탁경영구소
2023년 2월 출간

**KCOMI 통계 - Ebook**
**2023 전국 지방자치단체 민간위탁 운영현황**
민간위탁금(307-05)
사회복지시설법정운영비보조(307-10)
민간인위탁교육비(307-12)
공기관등에대한경상적대행사업비(308-10)

본 도서는 진국 17개 광역지치단체를 포참한 243개 지방자치단체의 민간위탁금(307-06) 예산 운영 현황으로서, 예산 및 해당사무별 업체선정방법, 개별조례 유무, 원가산정기준, 서비스(성과)평가 유무 등을 파악할 수 있는 자료이다.

배성기 지음
한국민간위탁경영구소
2023년 2월 출간

### KCOMI 통계
## 2022 전국 지방자치단체
## 민·관 협업사무 운영 현황 I
민간경상사업보조(307-02)
민간단체법정운영비보조(307-03)
민간행사사업보조(307-04)

본 도서는 전국 17개 광역자치단체를 포함한 243개 지방자치단체의 2021년 민관 협업사무 운영 현황으로서 국내에서 유일하게 전국 민관 협업사무 운영 현황을 파악할 수 있는 자료이다. 해당 시리즈는 총 3권으로 제작되었다.

배성기 지음
한국민간위탁경영구소
2022년 3월 출간

---

### KCOMI 통계
## 2022 전국 지방자치단체
## 민·관 협업사무 운영 현황 II
민간위탁금(307-05)
사회복지시설법정운영비보조(307-10)
민간인위탁교육비(307-12)
공기관등에대한경상적대행사업비(308-10)

본 도서는 전국 17개 광역자치단체를 포함한 243개 지방자치단체의 2021년 민관 협업사무 운영 현황으로서 국내에서 유일하게 전국 민관 협업사무 운영 현황을 파악할 수 있는 자료이다. 해당 시리즈는 총 3권으로 제작되었다.

배성기 지음
한국민간위탁경영구소
2022년 3월 출간

---

### KCOMI 통계
## 2022 전국 지방자치단체
## 민·관 협업사무 운영 현황 III
민간경상사업보조(307-02)
민간단체법정운영비보조(307-03)
민간행사사업보조(307-04)

본 도서는 전국 17개 광역자치단체를 포함한 243개 지방자치단체의 2021년 민관 협업사무 운영 현황으로서 국내에서 유일하게 전국 민관 협업사무 운영 현황을 파악할 수 있는 자료이다. 해당 시리즈는 총 3권으로 제작되었다.

배성기 지음
한국민간위탁경영구소
2022년 3월 출간

---

### KCOMI 통계 - Ebook
## 2022 전국 지방자치단체
## 민간위탁 운영현황
민간위탁금(307-05)
사회복지시설법정운영비보조(307-10)
민간인위탁교육비(307-12)
공기관등에대한경상적대행사업비(308-10)

본 도서는 전국 17개 광역자치단체를 포함한 243개 지방자치단체의 민간위탁금(307-06) 예산 운영 현황으로서, 예산 및 해당사무별 업체선정방법, 개별조례 유무, 원가산정기준, 서비스(성과)평가 유무 등을 파악할 수 있는 자료이다.

배성기 지음
한국민간위탁경영구소
2022년 5월 출간

---

### KCOMI 통계
## 2022 공공기관 민간위탁 운영현황

본 도서는 전국 340개 공공기관을 대상으로 2021년 전체사무 민간이전 운영현황을 파악할 수 있는 자료이다.

배성기 지음
한국민간위탁경영구소
2022년 5월 출간

---

### KCOMI 통계
## 2022 중앙행정기관 행정사무
## 민간이전 운영현황

본 도서는 전국 342개 중앙행정기관을 대상으로 2018년 민간이전 사업 현황을 분석한 자료로서 국내에서 유일하게 민간위탁 현황을 분석하여, 전국 민간위탁 사무의 관리 현황을 제시하고 있다.

배성기 지음
한국민간위탁경영구소
2022년 5월 출간

KCOMI 통계
### 2021 전국 지방자치단체 민·관 협업사무 운영 현황 I
민간경상사업보조(307-02)
민간단체법정운영비보조(307-03)
민간행사사업보조(307-04)

본 도서는 전국 17개 광역자치단체를 포함한 243개 지방자치단체의 2021년 민관 협업사무 운영 현황으로서 국내에서 유일하게 전국 민관 협업사무 운영 현황을 파악할 수 있는 자료이다. 해당 시리즈는 총 3권으로 제작되었다.

배성기 지음
한국민간위탁경영구소
2021 3월 출간

KCOMI 통계
### 2021 전국 지방자치단체 민·관 협업사무 운영 현황 II
민간위탁금(307-05)
사회복지시설법정운영비보조(307-10)
민간인위탁교육비(307-12)
공기관등에대한경상적대행사업비(308-10)

본 도서는 전국 17개 광역자치단체를 포함한 243개 지방자치단체의 2021년 민관 협업사무 운영 현황으로서 국내에서 유일하게 전국 민관 협업사무 운영 현황을 파악할 수 있는 자료이다. 해당 시리즈는 총 3권으로 제작되었다.

배성기 지음
한국민간위탁경영구소
2021년 3월 출간

KCOMI 통계
### 2021 전국 지방자치단체 민·관 협업사무 운영 현황 I
민간경상사업보조(307-02)
민간단체법정운영비보조(307-03)
민간행사사업보조(307-04)

본 도서는 전국 17개 광역자치단체를 포함한 243개 지방자치단체의 2021년 민관 협업사무 운영 현황으로서 국내에서 유일하게 전국 민관 협업사무 운영 현황을 파악할 수 있는 자료이다. 해당 시리즈는 총 3권으로 제작되었다.

배성기 지음
한국민간위탁경영구소
2021 3월 출간

KCOMI 통계 - Ebook
### 2021 전국 지방자치단체 민간위탁 운영현황
민간위탁금(307-05)
사회복지시설법정운영비보조(307-10)
민간인위탁교육비(307-12)
공기관등에대한경상적대행사업비(308-10)

본 도서는 전국 17개 광역자치단체를 포함한 243개 지방자치단체의 민간위탁금(307-06) 예산 운영 현황으로서, 예산 및 해당사무별 업체선정방법, 개별조례 유무, 원가산정기준, 서비스(성과)평가 유무 등을 파악할 수 있는 자료이다.

배성기 지음
한국민간위탁경영구소
2021년 7월 출간

KCOMI 통계
### 2021 공공기관 민간위탁 운영현황

본 도서는 전국 340개 공공기관을 대상으로 2021년 전체사무 민간이전 운영현황을 파악할 수 있는 자료이다.

배성기 지음
한국민간위탁경영구소
2021년 5월 출간

KCOMI 통계
### 2021 중앙행정기관 행정사무 민간이전 운영현황

본 도서는 전국 342개 중앙행정기관을 대상으로 2018년 민간이전 사업 현황을 분석한 자료로서 국내에서 유일하게 민간위탁 현황을 분석하여, 전국 민간위탁 사무의 관리 현황을 제시하고 있다.

배성기 지음
한국민간위탁경영구소
2021년 5월 출간

**KCOMI 통계 - Ebook**
## 2020 전국 지방자치단체 민·관 협업사무 운영 현황 I
민간경상사업보조(307-02)
민간단체법정운영비보조(307-03)
민간행사사업보조(307-04)

본 도서는 전국 17개 광역자치단체를 포함한 243개 지방자치단체의 2020년 민관 협업사무 운영 현황으로서 국내에서 유일하게 전국 민관 협업사무 운영 현황을 파악할 수 있는 자료이다. 해당 시리즈는 총 3권으로 제작되었다.

배성기 지음
한국민간위탁경영구소
2020 7월 출간

**KCOMI 통계 - Ebook**
## 2020 전국 지방자치단체 민·관 협업사무 운영 현황 II
민간위탁금(307-05)
사회복지시설법정운영비보조(307-10)
민간인위탁교육비(307-12)
공기관등에대한경상적대행사업비(308-10)

본 도서는 전국 17개 광역자치단체를 포함한 243개 지방자치단체의 2020년 민관 협업사무 운영 현황으로서 국내에서 유일하게 전국 민관 협업사무 운영 현황을 파악할 수 있는 자료이다. 해당 시리즈는 총 3권으로 제작되었다.

배성기 지음
한국민간위탁경영구소
2020년 7월 출간

**KCOMI 통계 - Ebook**
## 2020 전국 지방자치단체 민·관 협업사무 운영 현황 III
민간자본사업보조,자체재원(402-01)
민간자본사업보조,이전재원(402-02)
민간위탁사업비(402-03)
공기관등에대한자본적위탁사업비(403-02)

본 도서는 전국 17개 광역자치단체를 포함한 243개 지방자치단체의 2020년 민관 협업사무 운영 현황으로서 국내에서 유일하게 전국 민관 협업사무 운영 현황을 파악할 수 있는 자료이다. 해당 시리즈는 총 3권으로 제작되었다.

배성기 지음
한국민간위탁경영구소
2020년 7월 출간

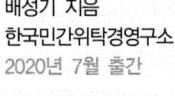

**KCOMI 통계**
## 2020 전국 지방자치단체 민·관 협업사무 운영 현황 통합본

본 도서는 전국 17개 광역자치단체를 포함한 243개 지방자치단체의 각 분야별 2018년 민관 협업사무 운영 현황으로 하수도시설, 하수슬러지건조화시설, 생활폐기물 수집운반, 생활폐기물 소각시설, 재활용 선별시설, 문화예술, 체육, 관광, 공원, 주차장, 청소년수련시설, 장애인복지시설의 운영 현황을 파악할 수 있는 자료이다.

배성기 지음
한국민간위탁경영구소
2020년 7월 출간

**KCOMI 통계 - Ebook**
## 2020 전국 지방자치단체 민·관 협업사무 운영 현황
|하수도시설|

본 도서는 전국 17개 광역자치단체를 포함한 243개 지방자치단체의 하수도시설에 대한 2020년 민관 협업사무 운영 현황을 파악할 수 있는 자료이다.

배성기 지음
한국민간위탁경영구소
2020년 5월 출간

**KCOMI 통계 - Ebook**
## 2020 전국 지방자치단체 민·관 협업사무 운영 현황
|하수슬러지건조화시설(소각포함)|

본 도서는 전국 17개 광역자치단체를 포함한 243개 지방자치단체의 하수슬러지건조화시설(소각포함)에 대한 2018년 민관 협업사무 운영 현황을 파악할 수 있는 자료이다.

배성기 지음
한국민간위탁경영구소
2020년 5월 출간

KCOMI 통계 - Ebook
## 2020 전국 지방자치단체 민·관 협업사무 운영 현황
|생활폐기물 수집운반|

본 도서는 전국 17개 광역자치단체를 포함한 243개 지방자치단체의 생활폐기물 수집운반에 대한 2020년 민관 협업사무 운영 현황을 파악할 수 있는 자료이다.

배성기 지음
한국민간위탁경영연구소
2020년 5월 출간

KCOMI 통계 - Ebook
## 2020 전국 지방자치단체 민·관 협업사무 운영 현황
|생활폐기물 소각시설|

본 도서는 전국 17개 광역자치단체를 포함한 243개 지방자치단체의 생활폐기물 소각시설에 대한 2020년 민관 협업사무 운영 현황을 파악할 수 있는 자료이다.

배성기 지음
한국민간위탁경영연구소
2020년 5월 출간

KCOMI 통계 - Ebook
## 2020 전국 지방자치단체 민·관 협업사무 운영 현황
|재활용 선별시설|

본 도서는 전국 17개 광역자치단체를 포함한 243개 지방자치단체의 재활용 선별시설에 대한 2020년 민관 협업사무 운영 현황을 파악할 수 있는 자료이다.

배성기 지음
한국민간위탁경영연구소
2020년 5월 출간

KCOMI 통계 - Ebook
## 2020 전국 지방자치단체 민·관 협업사무 운영 현황
|문화예술부문|

본 도서는 전국 17개 광역자치단체를 포함한 243개 지방자치단체의 문화예술부문에 대한 2020년 민관 협업사무 운영 현황을 파악할 수 있는 자료이다.

배성기 지음
한국민간위탁경영연구소
2020년 5월 출간

KCOMI 통계 - Ebook
## 2020 전국 지방자치단체 민·관 협업사무 운영 현황
|관광부문|

본 도서는 전국 17개 광역자치단체를 포함한 243개 지방자치단체의 관광부문에 대한 2020년 민관 협업사무 운영 현황을 파악할 수 있는 자료이다.

배성기 지음
한국민간위탁경영연구소
2020년 5월 출간

KCOMI 통계 - Ebook
## 2020 전국 지방자치단체 민·관 협업사무 운영 현황
|체육부문|

본 도서는 전국 17개 광역자치단체를 포함한 243개 지방자치단체의 체육부문에 대한 2020년 민관 협업사무 운영 현황을 파악할 수 있는 자료이다.

배성기 지음
한국민간위탁경영연구소
2020년 5월 출간

KCOMI 통계 - Ebook
## 2020 전국 지방자치단체 민·관 협업사무 운영 현황
|공원부문|

본 도서는 전국 17개 광역자치단체를 포함한 243개 지방자치단체의 공원부문에 대한 2020년 민관 협업사무 운영 현황을 파악할 수 있는 자료이다.

배성기 지음
한국민간위탁경영연구소
2020년 5월 출간

KCOMI 통계 - Ebook
## 2020 전국 지방자치단체 민·관 협업사무 운영 현황
|주차장시설|

본 도서는 전국 17개 광역자치단체를 포함한 243개 지방자치단체의 체육부문에 대한 2020년 민관 협업사무 운영 현황을 파악할 수 있는 자료이다.

배성기 지음
한국민간위탁경영연구소
2020년 5월 출간

KCOMI 통계 - Ebook
## 2020 전국 지방자치단체 민·관 협업사무 운영 현황
|청소년수련시설|

본 도서는 전국 17개 광역자치단체를 포함한 243개 지방자치단체의 청소년수련시설에 대한 2020년 민관 협업사무 운영 현황을 파악할 수 있는 자료이다.

배성기 지음
한국민간위탁경영연구소
2020년 5월 출간

KCOMI 통계 - Ebook
## 2020 전국 지방자치단체 민·관 협업사무 운영 현황
|장애인복지시설|

본 도서는 전국 17개 광역자치단체를 포함한 243개 지방자치단체의 장애인복지시설에 대한 2020년 민관 협업사무 운영 현황을 파악할 수 있는 자료이다.

배성기 지음
한국민간위탁경영연구소
2020년 5월 출간

### KCOMI 통계
### 2019 전국 지방자치단체
### 민·관 협업사무 운영 현황 통합본

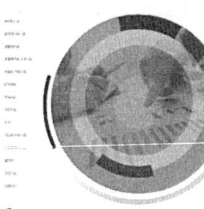

본 도서는 전국 17개 광역자치단체를 포함한 245개 지방자치단체의 각 분야별 2019년 민관 협업사무 운영 현황으로 하수도시설, 하수슬러지건조화시설, 생활폐기물 수집운반, 생활폐기물 소각시설, 재활용 선별시설, 문화예술, 체육, 관광, 공원, 주차장, 청소년수련시설, 장애인복지시설의 운영 현황을 파악할 수 있는 자료이다.

배성기 지음
한국민간위탁경영구소
2019년 출간

### KCOMI 통계
### 2019 전국 지방자치단체
### 민·관 협업사무 운영 현황 I

민간경상사업보조(307-02)
민간단체법정운영비보조(307-03)
민간행사사업보조(307-04)

본 도서는 전국 17개 광역자치단체를 포함한 245개 지방자치단체의 2019년 민관 협업사무 운영 현황으로서 국내에서 유일하게 전국 민관 협업사무 운영 현황을 파악할 수 있는 자료이다. 해당 시리즈는 총 3권으로 제작되었다.

배성기 지음
한국민간위탁경영구소
2019년 출간

### KCOMI 통계
### 2019 전국 지방자치단체
### 민·관 협업사무 운영 현황 II

민간위탁금(307-05)
사회복지시설법정운영비보조(307-10)
사회복지사업보조(307-11)

본 도서는 전국 17개 광역자치단체를 포함한 245개 지방자치단체의 2019년 민관 협업사무 운영 현황으로서 국내에서 유일하게 전국 민관 협업사무 운영 현황을 파악할 수 있는 자료이다. 해당 시리즈는 총 3권으로 제작되었다.

배성기 지음
한국민간위탁경영구소
2019년 출간

### KCOMI 통계
### 2019 전국 지방자치단체
### 민·관 협업사무 운영 현황 III

민간인위탁교육비(307-12),
공기관등에대한경상적대행사업비(308-10)
공사공단경상전출금(309-01)
민간자본사업보조,자체재원(402-01)
민간자본사업보조,이전재원(402-02)
민간위탁사업비(402-03)
공기관등에대한자본적위탁사업비(403-02)
공사공단자본전출금(404-01)

본 도서는 전국 17개 광역자치단체를 포함한 245개 지방자치단체의 2019년 민관 협업사무 운영 현황으로서 국내에서 유일하게 전국 민관 협업사무 운영 현황을 파악할 수 있는 자료이다. 해당 시리즈는 총 3권으로 제작되었다.

배성기 지음
한국민간위탁경영구소
2019년 출간

### KCOMI 통계 - Ebook
### 2019 전국 지방자치단체
### 민·관 협업사무 운영 현황
|하수도시설|

본 도서는 전국 17개 광역자치단체를 포함한 245개 지방자치단체의 하수도시설에 대한 2019년 민관 협업사무 운영 현황을 파악할 수 있는 자료이다.

배성기 지음
한국민간위탁경영구소
2019년 출간

### KCOMI 통계 - Ebook
### 2019 전국 지방자치단체
### 민·관 협업사무 운영 현황
|슬러지처리시설|

본 도서는 전국 17개 광역자치단체를 포함한 245개 지방자치단체의 하수슬러지건조화시설(소각포함)에 대한 2019년 민관 협업사무 운영 현황을 파악할 수 있는 자료이다.

배성기 지음
한국민간위탁경영구소
2019년 출간

### KCOMI 통계 - Ebook
### 2019 전국 지방자치단체
### 민·관 협업사무 운영 현황
|생활폐기물 수집운반|

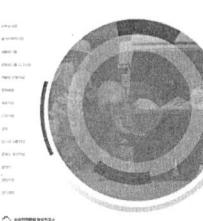

본 도서는 전국 17개 광역자치단체를 포함한 245개 지방자치단체의 생활폐기물 수집운반에 대한 2019년 민관 협업사무 운영 현황을 파악할 수 있는 자료이다.

배성기 지음
한국민간위탁경영구소
2019년 출간

### KCOMI 통계 - Ebook
### 2019 전국 지방자치단체
### 민·관 협업사무 운영 현황
|생활폐기물 소각시설|

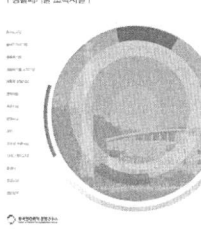

본 도서는 전국 17개 광역자치단체를 포함한 245개 지방자치단체의 생활폐기물 소각시설에 대한 2019년 민관 협업사무 운영 현황을 파악할 수 있는 자료이다.

배성기 지음
한국민간위탁경영구소
2019년 출간

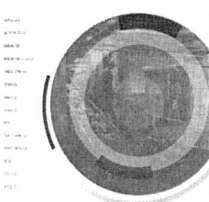

### KCOMI 통계 - Ebook
### 2019 전국 지방자치단체 민·관 협업사무 운영 현황
|재활용 선별시설|

본 도서는 전국 17개 광역자치단체를 포함한 245개 지방자치단체의 재활용 선별시설에 대한 2019년 민관 협업사무 운영 현황을 파악할 수 있는 자료이다.

배성기 지음
한국민간위탁경영연구소
2019년 출간

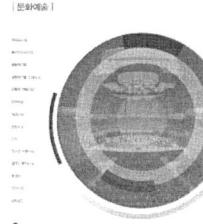

### KCOMI 통계 - Ebook
### 2019 전국 지방자치단체 민·관 협업사무 운영 현황
|문화예술부문|

본 도서는 전국 17개 광역자치단체를 포함한 245개 지방자치단체의 문화예술부문에 대한 2019년 민관 협업사무 운영 현황을 파악할 수 있는 자료이다.

배성기 지음
한국민간위탁경영연구소
2019년 출간

### KCOMI 통계 - Ebook
### 2019 전국 지방자치단체 민·관 협업사무 운영 현황
|관광부문|

본 도서는 전국 17개 광역자치단체를 포함한 245개 지방자치단체의 관광부문에 대한 2019년 민관 협업사무 운영 현황을 파악할 수 있는 자료이다.

배성기 지음
한국민간위탁경영연구소
2019년 출간

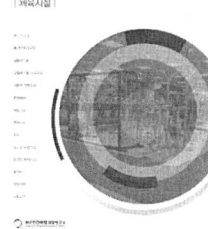

### KCOMI 통계 - Ebook
### 2019 전국 지방자치단체 민·관 협업사무 운영 현황
|체육부문|

본 도서는 전국 17개 광역자치단체를 포함한 245개 지방자치단체의 체육부문에 대한 2019년 민관 협업사무 운영 현황을 파악할 수 있는 자료이다.

배성기 지음
한국민간위탁경영연구소
2019년 출간

### KCOMI 통계 - Ebook
### 2019 전국 지방자치단체 민·관 협업사무 운영 현황
|공원|

본 도서는 전국 17개 광역자치단체를 포함한 245개 지방자치단체의 공원부문에 대한 2019년 민관 협업사무 운영 현황을 파악할 수 있는 자료이다.

배성기 지음
한국민간위탁경영연구소
2019년 출간

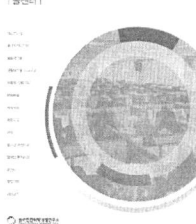

### KCOMI 통계 - Ebook
### 2019 전국 지방자치단체 민·관 협업사무 운영 현황
|콜센터|

본 도서는 전국 17개 광역자치단체를 포함한 245개 지방자치단체의 콜센터 업무에 대한 2019년 민관 협업사무 운영 현황을 파악할 수 있는 자료이다.

배성기 지음
한국민간위탁경영연구소
2019년 출간

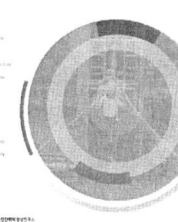

### KCOMI 통계 - Ebook
### 2019 전국 지방자치단체 민·관 협업사무 운영 현황
|청소년수련시설|

본 도서는 전국 17개 광역자치단체를 포함한 245개 지방자치단체의 청소년수련시설에 대한 2019년 민관 협업사무 운영 현황을 파악할 수 있는 자료이다.

배성기 지음
한국민간위탁경영연구소
2019년 출간

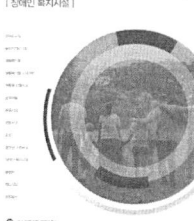

### KCOMI 통계 - Ebook
### 2019 전국 지방자치단체 민·관 협업사무 운영 현황
|장애인복지시설|

본 도서는 전국 17개 광역자치단체를 포함한 245개 지방자치단체의 장애인복지시설에 대한 2019년 민관 협업사무 운영 현황을 파악할 수 있는 자료이다.

배성기 지음
한국민간위탁경영연구소
2019년 출간

### KCOMI 통계
### 2019 정보화사업 운영 현황

본 도서는 전국 지방자치단체, 중앙행정기관, 공공기관의 2019년 정보화사업을 대상으로 사업 현황을 분석한 운영 현황 자료이다.

배성기 지음
한국민간위탁경영연구소
2019년 8월 출간

### SVI 통계 - Ebook
### 2019 공공기관 사회적 가치 구현사업 운영현황 l 통계자료 l

본 도서는 공공기관 사회적 가치 구현사업의 운영 현황에 대한 통계를 파악할 수 있는 자료이다.

배성기 지음
사회적 가치 연구소
2019년 7월 출간

## 민간위탁 운영 관리 매뉴얼

지방자치단체사무의 민간위탁서비스
운영관리매뉴얼 I
### 민간위탁조례 및 계약관리방안

민간위탁 성패의 키는 계약관리이다.
본 도서는 민간위탁 서비스를 공급함에 있어 사회적 문제와 이슈를 관리 할 수 있는 체계적인 조례 제정 및 계약관리방법론을 제시하고 있다.

배성기 지음
한국민간위탁경영구소 / 450페이지 / 40,000원

2012년 8월 출간

지방자치단체사무의 민간위탁서비스
운영관리매뉴얼 II
### 민간위탁 운영관리비용 산정

효율적인 서비스 제공을 위한 원가산정방법론 제시 민간위탁서비스의 대시민 만족도를 높이기 위한 시작은 적정한 비용산정과 지급에서 시작된다. 이를 위해 본 도서에서는 세부적인 원가산정 방법과 산정예시를 들어 설명하고 있다.

배성기 지음
한국민간위탁경영구소 / 409페이지 / 40,000원

2012년 8월 출간

지방자치단체사무의 민간위탁서비스
운영관리매뉴얼 III
### 민간위탁 서비스 평가

평가 없는 성장 없다.
본 도서에서는 민간위탁 서비스의 지속적인 성장 경영을 위한 경영학적 관리지표개발 및 서비스평가방안을 제시하고 있다.

배성기 지음
한국민간위탁경영구소 / 407페이지 / 40,000원

2012년 8월 출간

### 지방자치단체 민간투자사업 매뉴얼

지방자치단체 공무원들이 민간투자사업 정책 수립을 위한 전반적인 내용을 포괄적으로 다루어, 실무에 직접 적용할 수 있도록 방향을 제시하고 있다.

배성기 지음
한국민간위탁경영구소 / 247페이지 / 25,000원

2015년 9월 출간

## 민간위탁 서비스 경영

### 공공하수도시설 민간위탁 서비스경영

환경부통계를 기준으로 전국 공공하수처리시설 중 민간위탁으로 운영되는 시설은 318개소, 운영비는 5,000억 원, 운영인원은 3,642명이다. 민간위탁서비스의 질을 높이기 위해서는 시설관리만이 아닌 경영학적 기법이 도입된 체계적인 관리가 필요하다. 이를 위해서 본 도서에서는 공공하수도시설 민간위탁 서비스 경영을 위한 다양한 방안을 제시하고 있다.

배성기 · 안영진 · 박철휘 · 박종운 지음
한국민간위탁경영연구소 / 530페이지 / 40,000원

2012년 4월 출간

### 공공체육시설 민간위탁 서비스경영

전국 공공체육시설수는 15,137개소로 지속적으로 증가하고 있으며, 국민이 영위하고자 하는 공공체육서비스의 수준도 날로 증가 하고 있다. 이에 민간위탁으로 운영중인 공공체육시설의 서비스 수준의 향상을 위하여 본 도서에서는 공공체육시설 민간위탁 서비스 경영을 위한 다양한 방안을 제시하고 있다.

배성기 · 김영철 지음
한국민간위탁경영연구소 / 500페이지 / 40,000원

출간예정

### 관광시설 민간위탁 서비스경영

관광시설은 관광을 위한 편익을 제공하는 시설로서 숙박, 교통, 휴식시설 등을 통해 지역경제 활성화에 도움을 주고 있다. 이중 민간위탁으로 운영중인 관광시설을 대상으로 본 도서에서는 관광시설 민간위탁 서비스 경영을 위한 다양한 방안을 제시하고 있다.

배성기 · 김상원 · 김혜진 지음
한국민간위탁경영연구소 / 500페이지 / 40,000원

2015년 9월 출간

### 생활폐기물 수집·민간위탁 서비스경영

우리나라 일일 발생 생활폐기물량은 5만톤 수준으로 지자체에서는 소각, 매립, 재활용 등의 처리를 민간위탁을 통해 수행하고 있다. 본 도서는 민간위탁을 통해 생활폐기물을 처리하고 있는 지자체를 대상으로 효율적·효과적 관리기법을 제시하고 있다.

배성기 지음
한국민간위탁경영연구소 / 500페이지 / 40,000원

2012년 4월 출간

## ● 정부원가계산

**공기업·준 정부기관·기타 공공기관**
**정부원가계산의 이론과 실제**

공공감사법 적용대상기관인 중앙 41개 기관, 공공 272개 기관의 정부예산 지출시 합리적인 예산지출 및 효과성을 높이기 위해 본 도서는 정부원가계산의 올바른 방법을 이론과 사례를 기준으로 제시하고자 하였다.

배성기 지음
한국민간위탁경영연구소/400페이지/35,000원
2012년 8월 출간

## ● 사회적 기업 및 비영리 법인

**사회적기업 및 비영리법인의**
**공공부문 계약 입찰**

국가 공공서비스가 좀 더 선진 화 되기 위해서는 많은 사회적기업 및 비영리법인이 공공서비스 분야의 입찰 참가를 해야 한다. 정부와 동격의 파트너십을 통해 국민 모두를 파트너십의 수혜자로 만들기 위해 친절하고 자세하게 계약 참여 안내를 하고 있다.

배성기 옮김
한국민간위탁경영연구소 · scotland.gov.uk
/250페이지/30,000원
2012년 8월 출간

## ● 기타 민간위탁 분야 도서

**KCOMI통계 2013**
**전국 민간위탁 운영현황 분석**

본 도서는 민간위탁 본연의 목적과 기능을 유지하기 위해 발주처에서는 선택의 폭을 넓히고, 위탁기업들은 건전한 경쟁관계를 유도하기 위하여 전국 246개 지자체별 민간위탁 사무현황, 위탁예산현황, 위탁기업의 현황, 위탁기간 현황, 위탁자 선정방법 등을 조사 · 분석하였다.

배성기 지음
한국민간위탁경영연구소 / 513페이지 / 20,000원
2013년 8월 출간

**민간위탁 절차 · 평가 개선 교육교재**

민간위탁제도가 도입된 지 13년이 지났지만 민간위탁에 대한 제도적 정비 및 운영상의 문제에 대한 지적은 끊이지 않는다. 본 도서는 민간위탁 사무를 추진함에 있어 꼭 필요한 조례, 계약, 비용, 평가 등의 내용을 중심으로 지방자치단체 공무원들의 정책결정을 돕고자 작성되었다.

배성기 지음
한국민간위탁경영연구소
민간위탁교육 참가자 배부용

**공공하수처리시설 민간위탁**
**서비스평가**

평가없는 성장 없다.
본 도서는 현행 공공하수처리시설 민간위탁 평가에 대한 법적 근거 및 제도에 대한 고찰을 통하여 보다 합리적인 민간위탁 서비스 평가 방안을 제시하고 있다.

배성기 · 안영진 · 박철휘 · 박종운 지음
한국민간위탁경영연구소 / 316페이지 / 25,000원
2011년 12월 출간

**큰 사회(BIG Society)**

영국 캐머론 총리의 큰 사회는 공공서비스 향상을 추구하며, 개념적으로는 국가를 반대하지 않으며 다양한 증거를 바탕으로 영국 사회를 지원하고 사회적 욕구를 충족시키는 현재 국가의 능력에 대해 깊이 있게 고민한다. 이는 우리나라에도 시사하는 바가 크므로 소개하고자 하였다.

배성기 · 이화진 · 김태현 · 남효응 옮김
나남출판사 · UBP / 165페이지 / 15,000원
출간 예정

## 공공관리 번역 도서

### 분쟁 후 취약한 상황에서의 정부기능 및 정부서비스 민간위탁

본 역서는 원조의 비효율적 비효과적 집행을 방지하고, 수원국의 역량개발에 도움을 줄 수 있는 방안을 도모하여 현장실무자들과 정부의 정책입안자들과 협력하기 위한 안내서의 역할을 해 줄 것이다. 또한 선진국의 민간위탁제도 운영방법론은 국내에서 좋은 시사점을 제공하고 있다.

배성기 옮김
한국민간위탁경영연구소 · OECD / 165페이지 / 25,000원
2011년 11월 출간

### 지방정부 서비스계약 (Local Government Contract)

공공을 위한 최선의 거래를 추구하는데 있어서 책임성과 유연성, 공익성과 경제성 등을 최적으로 조합하는 것은 현대 서비스 계약업무의 핵심이다. 본 역서는 그 조합방식을 유용하게 제안하고 있다.

배성기 옮김
한국민간위탁경영연구소 · ICMA / 200페이지 / 30,000원
출간 예정

### 정부계약자들을 위한 가격책정 및 원가계산 (Pricing and Cost Accounting)

정부와 계약기간 중 요구사항을 준수하고, 이윤을 유지하기 위한 협상방법을 수록하고 있다. 입찰에 대한 변경 요구 사항은 가격책정 원가계산 하도급 계약변경을 수반하며 이에 대한 정보를 제공하고 있다.

배성기 옮김
한국민간위탁경영연구소 · MC / 220페이지 / 25,000원
출간예정

### 서비스 수준관리 (Service Level Management)

서비스 수준관리(SLM)는 서비스 업무범위를 정의하여 서비스제공에 따른 업무목표, 해당부서 및 책임부서를 기술하고 고객과 서비스 공급업체의 업무분담을 명확히 하여 서비스 공급업체와 고객 양측 모두의 기대와 목적을 충족시키기 위한 내용을 기술하고 있다.

배성기 옮김
한국민간위탁경영연구소 · TAS / 240페이지 / 25,000원
출간 예정

### 공공관리와 성과 (Public Management and Performance)

공공서비스 성과가 뜻하는 바가 무엇이고, 이와 관련한 연구의 주요 성과는 무엇인가? 왜 관리가 중요한가? 연구자, 정책결정자, 실무자들에게 주는 함의는 무엇이며, 향후 과제는 무엇인가? 에 대해 저자들은 이야기 하고 있다.

배성기 · 김윤경 · 김영철 옮김
한국민간위탁경영연구소 · 캠브리지대학출판사 / 200페이지 / 35,000원
2012년 8월 출간

### 사회기반시설 자산관리 (Infrastructure Asset Management)

자산관리의 목표, 서비스 제공능력과 자산상태의 구체적 목표를 검토하고, 자산관리 활동을 최적화 · 체계화하기 위해 현재의 서비스 제공능력과 자산상태(condition)를 비교한다. 또 최적의 의사결정을 위해 필요한 재정적 고려사항에 대해서도 요약하고 있다.

유인균 · 박미연 · 배성기 옮김
한국민간위탁경영연구소 · CIRIA / 200페이지 / 35,000원
2012년 8월 출간

### 지방지치단체 사회적가치구현을 위한 공공조달프레임워크

영국의 중앙 및 지방정부기관들은 최저가 대신 사회적 가치를 고려해 최고가치(Best Value)를 지닌 쪽을 선택하도록 규정과 지침을 만들어 공공조달에 적용하고 있다.

이에, 영국의 사회적 가치 구현을 위한 조달규정 및 지침관련 사례를 발굴하여 국내에 홍보·전파하고자 출간하게 되었다.

배성기
브릿지협동조합 / 170페이지 / 25,000원
2016년 4월 출간

### 지방자치단체 공공서비스 혁신
협동조합도시 런던시 램버스구

영국 런던시 램버스구, 협동조합방식의 지방자치단체 경영과 공공서비스 혁신을 가능하게 하는 영국의 법·제도적 환경, 지자체조례, 지자체 경영원칙, 사회적 · 경제적 · 환경적 가치구현을 위한 목표달성전략 및 프로세스등을 자세히 소개하고 있다.

배성기 지음
브릿지협동조합 / 184페이지 / 25,000원
2016년 5월 출간

### 영국 중앙정부 및 지방정부 사회적 가치 구현 사례집

본 지침은 Highways England와 하도급업체가 2012년 공공서비스(사회적가치)법에 의한 서비스 공급과 관련된 사회적가치를 확인하고 구현하기 위한 접근방법을 설명한다.

배성기 옮김
사회적 가치 연구소 / 290페이지 / 21,000원
2018년 6월 출간

### 사회적기업 및 비영리법인의 공공부문 계약 입찰

지방계약분야는 사회·경제적 상황에 따라 빠르게 변화하는 분야이며, 많은 관련 법령과 하위 규정들이 있어 실무자들이 업무를 숙지하는 데 상대적으로 어려움을 겪는 분야이기도 합니다. 2018년도 매뉴얼은 계약시 고려해야 할 사회적 가치와 더불어 실무에서 주로 활용되는 유권해석, 판례 등을 중점적으로 수록하였습니다.

서울특별시 엮음
브릿지협동조합 / 350페이지 / 24,000원
2018년 6월 출간

## 출간 예정 도서

### 공공서비스 기획 |모범 기획 원칙|

Commissioning Public Services는 공공조달 기획담당자들을 위한 영국의 공공서비스 조달기획 안내서로 지역고용, 양질의 일자리, 사회권·노동권 준수, 사회통합 차별해소, 재분배 효과, 기업의 사회적 책임 이행도 등이 조달원칙의 핵심 고려사항으로 설계되고 입찰, 낙찰, 계약 이행 등 각 단계에서 사회적 가치를 가진 재화 및 서비스가 자연스럽게 경쟁력을 가질 수 있도록 체계가 구축되어 공공구매를 통한 사회적가치가 최대 회될 수 있기를 바랍니다.

배성기 옮김
한국민간위탁경영연구소
2019년 출간예정

### 공동체 편익 증대를 위한 안내서

장기간 경기침체와 부의 불평등 심화 그리고 인구의 수도권 집중은 취약계층에게 여러 가지 부담을 안겨주었고, 그 중 인간으로서 가장 기본적인 삶 공간과 관련된 주거문제에 직면하게 하였습니다. Community Benefit Clause Guidance Manual은 영국의 사회임대주택사업자가 주택의 운영 및 관리 서비스 조달 시 서비스 공급자로 하여금 지역공동체 편익을 구현하도록 계약조항으로 수립하는 방법을 설명한 안내서입니다.

배성기 옮김
한국민간위탁경영연구소
2019년 출간예정

### 민·관 파트너십 구성 및 운영을 위한 안내서

공공사회파트너십은 공공기관이 사회적경제조직들로부터 재화 및 서비스를 단순히 구매한다는 차원을 넘어 공공기관이 주도하는 공공부문과 사회적경제조직들로 구성된 사회적경제부문이 함께 공공서비스를 설계하고 생산하는 것을 핵심으로 하는 개념입니다. Public Social Partnerships은 공공부문과 사회적경제조직이 공동으로 참여하는 공공서비스에 대한 새로운 접근방법을 묘사하고 있습니다.

배성기 옮김
한국민간위탁경영연구소
2019년 출간예정

### 사회적 가치 구현을 위한 안내서

사회적기업 육성 예산은 일자리창출 예산의 의미를 부여받고 있으며, 일자리 창출 엔진이라는 프레임이 사회적기업의 지원 예산을 확보하는데는 유용했으나 사회적기업의 정상적인 발전을 가로막는 부작용을 낳고 있는 것 또한 사실입니다. 따라서 사회적기업 육성예산은 이 사회적 부가가치(social added value) 창출의 엔진을 육성한다는 본래의 의미를 부여 받아야 할 필요성이 있습니다.

배성기 옮김
한국민간위탁경영연구소
2019년 출간예정

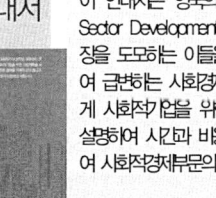
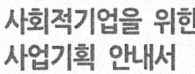

### 사회적기업을 위한 사업기획 안내서

이 안내서는 영국의 사회적경제 전문기관인 FSD(Fourth Sector Development)가 사회적기업 창업을 고려하거나 성장을 도모하는 이들을 위해 개발한 7단계 전략에 기초하여 급변하는 사회경제적 환경에서 사회적경제 활동가들에게 사회적기업을 위한 사업계획을 사례와 함께 단계별로 설명하여 시간과 비용을 절감하고, 합리적 투자를 유도하여 사회적경제부문의 경쟁력 강화를 지원하고자 합니다.

배성기 옮김
한국민간위탁경영연구소
2019년 출간예정

### 사회투자성과 개발 안내서

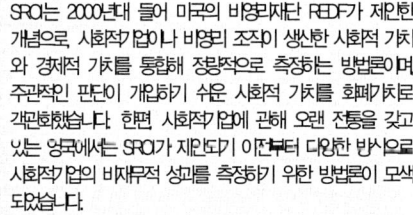

SROI는 2000년대 들어 미국의 비영리재단 REDF가 제안된 개념으로, 사회적기업이나 비영리 조직이 생산한 사회적 가치와 경제적 가치를 통합해 정량적으로 측정하는 방법론이며 주관적인 판단이 개입하기 쉬운 사회적 가치를 화폐가치로 객관화했습니다. 한편 사회적기업에 관해 오랜 전통을 갖고 있는 영국에서는 SROI가 제안되기 이전부터 다양한 방식으로 사회적기업의 비재무적 성과를 측정하기 위한 방법론이 모색되었습니다.

배성기 옮김
한국민간위탁경영연구소
2019년 출간예정

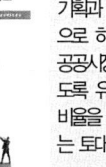
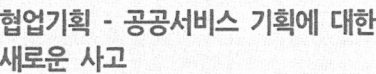

### 협업기획 - 공공서비스 기획에 대한 새로운 사고

Collaborative Commissioning은 협업을 통한 공공서비스 기획과 관련된 영국사례로 사회적 가치 창출을 주된 목적으로 하는 사회적경제조직과 사회책임경영(CSR)기업 등이 공공시장에서 영리지향적 기업보다 경쟁 우위에 설 수 있도록 유도하고, 약 100조원이 넘는 공공조달시장의 상당 비율을 사회적경제에 친화적인 공공시장으로 전환될 수 있는 토대가 마련되는 계기가 되길 바랍니다.

배성기 옮김
한국민간위탁경영연구소
2019년 출간예정

# 배성기 (裵成基)

| 약력 |

現 공공서비스연구원 원장, 한국민간위탁연구소 소장, 한국공공서비스연구소 소장, 한국사회적가치연구소 소장, 한국지방의정연구소 소장, 단국대학교 경영학 박사, 가천대학교 회계학 석사
現 단국대학교 경영학과 외래교수
現 파주시청 민간위탁 운영심의위원, 은평구청 민간위탁 적정성운영위원
現 중랑구의회 의정자문위원, 한국의정연구회 지방의회연구소 초빙교수
現 송파구 민간위탁 운영평가위원, 사회적기업 육성 위원
現 성북구 사회적경제 육성위원, 성북민관협치 운영위원
現 국민권익위원회 부패영향평가 자문위원
現 가천대학교 사회적기업과고용관계연구소 비상임 선임연구원
現 에코아이 지속가능경영연구소 비상임 소장
現 (재)현대산업경제연구원 비상임 연구위원
前 서울시 민간위탁 원가분석 자문위원
前 단국대학교 경제학과 외래교수

| 주요 연구수행실적 |

「정부 및 지자체 등으로부터 위탁받은 사업 매뉴얼 구축 용역」
「2017년 재정사업 성과평가 용역(산림자원육성)」
「농림축산식품 정보화사업 성과관리체계 구축 연구」
「자동차전용도로 효율적 관리를 위한 직무분석 용역」
「산림문화휴양촌 관리운영 방안 수립 연구 용역」
「생활폐기물 수집·운반 및 처리시설 민간위탁 타당성 및 운영효율화 방안」
「산업단지 폐수처리시설 민간위탁 타당성 및 운영효율화 방안」
「종합사회복지관 민간위탁 타당성 및 운영효율화 방안」
「장애인복지관 민간위탁 타당성 및 운영효율화 방안」
「노인종합복지관 민간위탁 타당성 및 운영효율화 방안」
「아동·청소년시설 민간위탁 타당성 및 운영효율화 방안」
「소각장 민간위탁 타당성 및 운영효율화 방안」
「자동집하시설 민간위탁 타당성 및 운영효율화 방안」
「가로등관리 민간위탁 타당성 및 운영효율화 방안」
「공원관리 민간위탁 타당성 및 운영효율화 방안」
「문화예술체육시설 운영관리 민간위탁 타당성 및 운영효율화 방안」 외 다수

| 주요 저술실적 |

저서 : 지방자치단체 민간위탁 운영관리메뉴얼 Ⅰ,Ⅱ,Ⅲ권, 민간위탁 원가산정, 공공관리와 성과, 민간위탁 조례 및 계약 관리 방안, 하수처리시설 민간위탁 서비스 평가, 공공하수도시설 민간위탁 서비스 경영, 생활폐기물 수집·운반 및 처리시설 민간위탁 서비스 경영 등
번역 : OECD 정부기능 및 정부서비스 민간위탁 외 4권
논문 : 민간위탁서비스 핵심운영요인이 운영성과에 미치는 영향에 관한 실증 연구(2014) 등 3개
발표 : 한국생산관리학회, 한국구매조달학회, 한국관광경영학회 등 다수

한국민간위탁연구소는 공공서비스 관리 혁신을 통해
더 나은 정부, 더 나은 사회, 더 많은 사업기회를 만들어 갑니다.

T. 02-943-1941  F. 02-943-1948  E. kcomi@kcomi.re.kr  H. www.kcomi.re.kr

### 큰날개

큰날개는 급변하는 국내의 사회 환경 가운데에서 다양한 의견을 수렴하여 인간이 추구하는
더 높은 이상향을 향해 나아가고자 하는 바람을 추구하는 출판전문기업입니다.
특히 사회적으로 가치 있는 콘텐츠를 가진 사람이라면 누구나 책을 출간 할 수 있고,
원하는 독자층에 도달 할 수 있도록 도와주는 퍼블리싱 파트너(Publishing Partner)가 되고자 합니다.

T. 02-943-1947   F. 02-943-1948   H. bigwing.modoo.at